T0208944

Die Krisen-Strategien der Banker

Silvia Breier

Die Krisen-Strategien der Banker

Lebenskrisen bewältigen – mit Know-how aus Finanzwelt
und Psychologie

 Springer

Silvia Breier
Wien
Österreich

ISBN 978-3-662-53376-5   ISBN 978-3-662-53377-2   (eBook)
DOI 10.1007/978-3-662-53377-2

Die Deutsche Nationalbibliothek verzeichnet diese Publikation in der Deutschen Nationalbibliografie;
detaillierte bibliografische Daten sind im Internet über http://dnb.d-nb.de abrufbar.

Umschlaggestaltung: deblik Berlin
Einbandabbildung: © PHOTOPAM | Pamela Draxler Fotografie

Gedruckt auf säurefreiem und chlorfrei gebleichtem Papier

Springer ist Teil von Springer Nature
Die eingetragene Gesellschaft ist Springer-Verlag GmbH Germany
Die Anschrift der Gesellschaft ist: Heidelberger Platz 3, 14197 Berlin, Germany

Vorwort

Ich bin Bankerin und mein berufliches Leben ist von Krisen stark beeinflusst. Das fing schon beim Berufseinstieg an. Eigentlich hatte ich gerade meine Ausbildung zur Webdesignerin abgeschlossen, als die Dot-Com-Blase platzte und die folgende Krise die Jobs im IT-Bereich drastisch reduzierte. So sah ich mich nach einem krisenfesteren Job um, denn Sicherheit ist mir wichtig. Durch Zufall wurde mir eine Stelle im Treasury einer Bank angeboten.

Doch schon in meiner zweiten Arbeitswoche gab es die nächste Krise: 9/11. Als das erste Flugzeug in die Twin Towers raste, dachten wir noch an einen Unfall. Beim zweiten war klar, dass es ein Anschlag war.

Wie paralysiert starrten wir abwechselnd auf den Fernseher und die Computerbildschirme, über die Nachrichten und Finanzdaten liefen. Sogar der Bankvorstand setzte sich zu uns in den Handelsraum, der plötzlich im Zentrum der Geschehnisse zu liegen schien. Neben all dem menschlichen Leid ging es jetzt auch darum, die Interessen der Bank zu schützen, denn es herrschte Chaos an den Finanzmärkten. Die Kurse stiegen und fielen im nächsten Augenblick und es lag an uns, dafür zu sorgen, dass die Bank dabei keine Verluste erlitt. Hier Nerven zu bewahren war nicht leicht. Man konnte die Anspannung und Ratlosigkeit aller Anwesenden spüren und ich als Neuling mittendrin in der Krisensituation. Es würde nicht das letzte Mal gewesen sein.

An diesem Tag wurde mir klar, dass der Job als Händlerin genau das Richtige für mich war. Man muss in Ausnahmesituationen und unter Stress einen kühlen Kopf bewahren, Fakten schnell abwägen, den Mut haben, Entscheidungen zu treffen, Risiken zu quantifizieren und zu minimieren und Verantwortung zu übernehmen. Dafür ist nicht jeder geeignet und es ist das Schöne an der Diversität, dass Menschen unterschiedlich sind. Jeder hat Glück, wenn er einen Bereich findet, in dem er seine Stärken ausleben kann. Im Nachhinein gesehen hat sich mein Wagemut gelohnt, denn ich hatte Talent für und Spaß an diesem Job, der für mich auch ein wichtiger Schritt in der Persönlichkeitsentwicklung war.

Es ist nicht leicht, permanent mit Krisen konfrontiert zu sein, aber Krisen sind auch Chancen für Neues, für Weiterentwicklung, für persönliches Wachstum und Glück. Die Gewissheit, eine Krise gemeistert zu haben, gibt Stärke, Selbstvertrauen und Zuversicht und lässt Alltagsprobleme kleiner und unbedeutend erscheinen, wodurch die Lebensqualität ungemein steigt. Darum bin ich dankbar, diese Erfahrungen gemacht zu haben. Es war hilfreich für mich, dass ich von meinen erfahreneren Bankkollegen lernen konnte, wie erfolgreiches Krisenmanagement funktioniert, und diese Erkenntnisse möchte ich in diesem Buch weitergeben.

Danksagung

Ich bin mir bewusst, dass dieses Buch nicht möglich gewesen wäre ohne die Mitarbeit und Unterstützung von einigen Menschen, denen ich deshalb hier meinen tiefsten Dank aussprechen möchte.

Allen voran meine Interviewpartner, die mich bereitwillig und offen an ihren sehr privaten Erfahrungen, Gedanken und auch Ängsten teilnehmen ließen und mir erlaubt haben, diese auch zu veröffentlichen, was nicht selbstverständlich ist. Ohne sie wäre dieses Buch nicht zustande gekommen.

Bei Lore Wehner möchte ich mich dafür bedanken, dass Sie von Beginn an von meiner Idee begeistert war und mich nicht nur ermutigte, sondern auch den Kontakt zum Springer-Verlag herstellte.

Dort hatte ich das Glück, bei Herrn Dr. Klockenbusch auf offene Ohren zu stoßen. Durch seine Zeit, Geduld, Feedback und inspirierenden Ideen nahm das Buch langsam seine inhaltliche Form an. Er half mir, den roten Faden zu finden, um den herum ich die Kapitel aufbaute.

Bei Joachim Coch war mein Manuskript bestens betreut, um es zu dem Buch zu machen, das Sie heute in den Händen halten. Er verfügt über einen riesigen Erfahrungsschatz, was die Wünsche der Leser und den Buchmarkt betrifft, und war gleichzeitig immer sehr daran interessiert, meine Meinung zu berücksichtigen. Ich bin sehr glücklich, dass es ihm wichtig war, meine Persönlichkeit in jedem Punkt einzubringen und mich nicht nur auf sein Expertenwissen zu verlassen.

Judith Danziger half mir bei allen technischen und formalen Fragen und sorgte dafür, dass das Layout so wurde, wie ich es mir vorgestellte habe. Als Projektmanagerin war sie dafür verantwortlich, dass aus meinem Manuskript dieses tolle Buch wurde.

Ganz besonders dankbar bin ich für Daniela Böhle, meine Lektorin, die eine wunderbare Ergänzung zu mir ist, weil sie über eine mir fremde Fähigkeit, nämlich den Blick fürs Detail verfügt. Sie arbeitet unglaublich rasch und genau, zeigte nicht nur auf, wo ich mich durch mein Fachvokabular unverständlich ausdrückte, sondern gab mir auch positives Feedback. Besonders charmant fand ich die Passagen, wo ihr die Unterschiede zwischen österreichischem und deutschem Sprachgebrauch auffielen, und wir dann eine bestklingende Variante aushandelten.

Mein lieber ehemaliger Deutschprofessor Ernst Grosinger hat mir durch seinen belebten Unterricht nicht nur die Leidenschaft für Literatur nahegebracht, sondern auch bei diesem Buch gerne seinen fachlichen Input geleistet.

Zu guter Letzt möchte ich mich bei meiner Familie bedanken. Wie immer war meine Mutter die erste Testleserin und hat mich durch ihren Zuspruch und ihr Vertrauen ermutigt, dieses Buchprojekt zu realisieren. Und ich bedanke mich bei meinem Sohn, der wohl mein ehrlichster Kritiker und wichtigster Unterstützer ist.

Die Autorin

Silvia Breier ist eine langjährige Bankerin und Treasuryexpertin. Ihr zweites Standbein hat sie als Systemische Psychosoziale Beraterin, Coach und Mentaltrainerin. Zu Mentaltraining hat sie bereits ein Buch veröffentlicht (www.mental-diving.at).

Die Kombination aus Business und psychologischem Background macht ihre Vorträge, Seminare und Bücher zu etwas Einzigartigem.

© (Copyright: PHOTOPAM | Pamela Draxler Fotografie)

Inhaltsverzeichnis

Einleitung

Silvia Breier

Literatur – 7

© Springer-Verlag Berlin Heidelberg 2017
S. Breier, *Die Krisen-Strategien der Banker*,
DOI 10.1007/978-3-662-53377-2_1

Das Wort „Krise" ist in aller Munde und begleitet uns schon seit ein paar Jahren mit wechselnden Wortkombinationen: Finanzkrise, Bankenkrise, Vertrauenskrise, Wirtschaftskrise, Schuldenkrise, Euro-Krise, Flüchtlingskrise und so weiter. Mit diesem Kapitel möchte ich Sie, liebe Leserin, lieber Leser, in die Welt der Banker entführen, die schon seit jeher beruflich mit Krisen zu tun haben. Sei es, diese zu vermeiden, sei es, aus diesen doch noch Profit zu schlagen. Sie sind sozusagen Krisenexperten. Es lohnt sich also durchaus, etwas genauer hinzusehen, wie man professionell mit Krisen umgehen kann, und sich die eine oder andere Strategie abzuschauen.

In dieser Einleitung werde ich darlegen, wie die Idee für dieses Buch entstanden ist, wie das Buch aufgebaut ist, wie Sie es lesen und Ihren persönlichen Nutzen daraus ziehen können.

Das Buch folgt dem typischen Krisenablauf: die ruhige Zeit davor, Krisenausbruch, Schock, Reaktionen, Bearbeitung und Neubeginn

Dieses Buch ist aufgebaut wie der typische Verlauf einer Krise und jedes Kapitel widmet sich einer Krisenphase. Phase 1 beschreibt die Zeit davor, in der alles eitel Wonne ist und kein Wölkchen am Himmel Böses vermuten lässt. Dies ist die Zeit boomender Aktienmärkte, florierender Wirtschaft, hoher Beschäftigung oder im Privatleben „der Himmel voller Geigen". Dann folgt Phase 2 und ihr Eintritt überrascht uns oft. Sie ist plötzlich da: die Krise. Wie aus dem Nichts, ohne Vorankündigung, trifft sie uns dafür umso heftiger. Die Aktienkurse fallen ins Bodenlose, wir erhalten die Kündigung oder die Liebe unseres Lebens verlässt uns. Sind wir anfangs wie gelähmt, folgt doch bald Phase 3. Die Zeit der Emotionen: Wut, Angst, Trauer, Verzweiflung, Hoffnungslosigkeit. Wir reagieren, indem wir toben, anklagen oder uns zurückziehen. Hier ist nun professionelles Krisenmanagement gefragt, je früher, desto effektiver, und umso schneller ist ein Übergang in Phase 4 möglich. Dort passiert die Krisenaufarbeitung. Man schaut sich an, was schiefgelaufen ist, versucht daraus zu lernen und seinen eigenen Beitrag zum Geschehen zu erkennen. Im besten Fall erkennt man, dass zwar der Ausgang negativ war, es davor aber auch schöne Zeiten gab. Man rechnet sich aus, wie viele Dividenden man bekommen hat, wie hoch der Zinsvorteil war, oder ist dankbar für die wundervollen Erlebnisse, die man mit einem besonderen Menschen teilen durfte. Dann ist es an der Zeit, die Vergangenheit abzuschließen und sich neue Zukunftsperspektiven zu suchen. Denn wer in einer dieser Phasen verharrt, lässt zu, dass seine Vergangenheit über die Zukunft bestimmt, und verpasst dadurch die Chance eines neuerlichen Hochs. Phase 5 stellt den Neubeginn dar, in dem man sich wieder etwas zutraut, neue Investments tätigt, sich beruflich umorientiert oder wieder offen auf andere Menschen zugeht in der Hoffnung, dass es diesmal ein besseres Ende nimmt als zuletzt.

Sie merken schon, ich versuche hier den Spagat zwischen grauer Theorie und Praxis zu schaffen und das werde ich das ganze Buch hindurch machen. Hintergrundinformationen aus dem Finanz- und Wirtschaftsbereich und aus dem Psychologiebereich erkennen Sie an diesem Symbol:

? Diese Informationen dienen dem besseren Verständnis, sind aber nicht unbedingt notwendig zu wissen. Wenn Sie also schnell etwas nachschlagen möchten oder einfach keine Lust haben, alles zu lesen, können Sie diese Blöcke getrost überspringen.

Die wichtigsten Begriffe finden Sie im Text und nochmals im Glossar zusammengefasst und sollte Sie ein Thema ganz besonders interessieren, finden Sie in den Literaturverzeichnissen am Ende jedes Kapitels weitere Informationsquellen.

Die Idee zu diesem Buch entstand, als ich meine Masterarbeit (vgl. Breier, 2015) über „den Umgang der Treasury-Angestellten österreichischer Banken mit den Auswirkungen der Finanzkrise" verfasste. Im Zuge der empirischen Studie hatte ich mit neun Bankerinnen und Bankern verschiedener Banken narrative Interviews geführt, das heißt, ich habe sie aufgefordert zu erzählen, ohne konkrete Vorgaben zu machen. Sie waren so freundlich, ihre Erfahrungen, Gefühle, Ängste, Ansichten und Erkenntnisse mit mir zu teilen. Da all diese Informationen den Rahmen einer Masterarbeit sprengten, war mir bald klar, dass dieses Buch unbedingt geschrieben werden muss, zumal es sich um ein hochaktuelles und emotional stark besetztes Thema handelt. Jeder, dem ich davon erzählte, wollte mehr wissen, und so zog ich los und fragte nochmals genauer bei meinen ehemaligen und einigen neuen Interviewpartnern nach. Da ich viele Bekannte in der Bankbranche habe, fließen auch die Erkenntnisse aus diesen Begegnungen mit ein, genauso wie ich die Ergebnisse meiner Forschungsarbeit immer wieder in die einzelnen Kapitel einfließen lasse. Bei der Auswahl meiner Interviewpartner wählte ich Personen, die sehr unterschiedlich sind und die alle etwas zu sagen haben. Bewusst habe ich es vermieden, Leute zu interviewen, mit denen ich aktuell im selben Unternehmen tätig bin. Meine persönliche Bekanntschaft mit den Interviewten ermöglichte eine Offenheit und Ehrlichkeit, die ein Außenstehender womöglich nicht erreicht hätte. Die Erhebungsmethode kombiniert mit der Auswertungsart, nämlich die induktive Einzelfallanalyse nach Mayring, ermöglicht das Generieren von Hypothesen. Sie liefern sozusagen eine Idee, die weiter überprüft werden kann (vgl. Mayring, 2015, S. 20).

Hintergrundinformationen aus Finanzwirtschaft und Psychologie für weitere Erklärungen

Die Idee für dieses Buch entstand im Rahmen einer Forschungsarbeit über die Auswirkungen der Finanzkrise auf Banker

Banker erzählen aus ihrem
Erfahrungsschatz

Durch dieses Buch begleite nicht nur ich Sie, sondern auch
meine Interviewpartner, deren Namen und Alter ich jedoch geändert habe. Einige von ihnen lasse ich im Buch immer wieder zu
Wort kommen und ich bin sicher, dass sie Ihnen bald vertraut sein
werden. Ich gebe dabei die Interviews teilweise nicht wortwörtlich,
sondern nur sinngemäß wieder, ohne jedoch wichtige Inhalte zu
unterschlagen.

Wahrscheinlich sollte ich an dieser Stelle kurz erwähnen, dass
ich mich entschieden habe, zum Zwecke der besseren Lesbarkeit,
aber auch weil mir das aus meinem beruflichen Alltag fremd ist,
nicht zu gendern. Ich erlaube mir das, weil ich selbst eine Frau bin.
Die Bankbranche ist eine der wenigen, wo Leistung transparent
gemessen werden kann und Gleichberechtigung wahrscheinlich
mehr gegeben ist als in anderen Jobs. Diese direkte Bestätigung und
Wertschätzung der eigenen Persönlichkeit ist gut für das eigene Ego
und ist meiner Meinung nach ein wichtiger Grund, warum Banker
mit Niederlagen bis hin zu Krisen besonders gut umgehen können.

Praxistipps für Ihren
persönlichen Umgang mit
Krisen

Sie finden in diesem Buch auch Tipps, wie Sie selbst Ihre Krisen-
festigkeit erhöhen können. Tipps erkennen Sie an diesem Zeichen:

ⓘ So sehr ich Ihnen auch wünsche, dass Sie diese niemals
brauchen werden, weiß ich doch, dass Krisen jeden von uns,
egal ob arm oder reich, welcher Nationalität, Religion und
welchem Geschlecht man angehört, früher oder später treffen.
Meist sogar mehrmals im Leben. Ich hoffe, dass Ihnen die
Tipps und die Beispiele der Banker dabei helfen, die nächste
Krise so gut wie möglich und so schnell wie möglich zu
meistern.

In diesem Buch wird sehr viel von Krisen gesprochen, wobei damit
verschiedene Arten von Krisen gemeint sind. Normalerweise
bezeichnet der erste Teil der Wortkombination den Bereich, der von
einer Krise betroffen ist, also beispielsweise der Finanzsektor, die
Wirtschaft, die Ehe, das Leben, die Existenz. Dieses Buch schlägt den
Spannungsbogen von vergangenen Krisen, vorwiegend der Finanzkrise von 2008 bis hin zur aktuellen Bankenkrise, welche mit psy-
chosozialen Krisen verglichen werden.

Es gibt verschiedene Modelle, die den Ablauf einer Krise
beschreiben, wobei bei jedem davon eingeräumt wird, dass die
einzelnen Phasen sich wiederholen oder aber auch übersprungen
werden können. Ich werde Ihnen später mehr Details zum Ablauf
psychosozialer Krisen geben, die viel mit den Phasen des Sterbens,
was ja ein Krisenanlass sein kann, und der Trauer gemeinsam haben.
Auch die Begleitung von Veränderungsprozessen innerhalb eines

Konzerns, das sog. Change Management, bedient sich eines ähnlichen Modells.

Was für einen Menschen eine Krise ist, ist für einen anderen vielleicht nur ein kleines Hindernis, für einen Banker oft sogar eine willkommene Herausforderung, die er gerne annimmt. Die persönliche Bedeutung, die wir einem potenziellen Krisenereignis geben, bestimmt, wie wir damit umgehen.

Banker sehen vielleicht in Krisen auch deshalb Chancen, weil sie die Möglichkeit haben, daran zu verdienen. Sie erreichen dies beispielsweise durch die im Zuge der Finanzkrise stark in die Kritik gekommenen Leerverkäufe von Aktien oder auch durch Optionen, bei denen sie daran verdienen, dass die zugrunde liegenden Kurse fallen.

Der Job eines Händlers in einer Bank besteht darin, die Zukunft zu antizipieren. Da Kristallkugeln heutzutage eher in die Esoterikecke geschoben werden, bedient sich der Händler u. a. sehr gerne der Chart-Technik. Dabei wird die Preisveränderung eines zugrunde liegenden Wertes, z. B. von Gold, grafisch im Zeitablauf dargestellt. Das ergibt oftmals harmonische Wellenmuster, die hie und da abrupt unterbrochen werden, was dann wie ein Zacken aussieht. Es kann auch vorkommen, dass die Linie unterbrochen ist und weiter oben oder unten wieder anfängt. Das kennzeichnet meist eine kleine oder bei großen Zacken bzw. Lücken eine dementsprechend große Krise. Hier war der ganze Markt nicht imstande vorherzusehen, wohin sich der Kurs entwickeln wird, und wurde von der plötzlichen Veränderung überrascht. Jeder weiß, dass die Entwicklung der Vergangenheit nur bedingt Rückschlüsse zulässt, wie sie in der Zukunft verlaufen wird. Trotzdem ist die Chart-Analyse eine beliebte und in vielen Fällen gut funktionierende Methode, um Handelspositionen einzugehen. Es mag Ihnen vielleicht anmaßend vorkommen, dass jemand zu wissen glaubt, was die Zukunft bringt. Aber seien Sie einmal ehrlich zu sich selbst: Haben Sie keine Vermutung, wie Ihr Leben verlaufen wird? Und wenn Sie eine haben, wie kommen Sie gerade auf diese?

Krise ist nicht gleich Krise

Die Chance in der Krise erkennen

Wer weiß schon, was die Zukunft bringt?

🛈 Mein Lebens-Chart

Erstellen Sie bitte Ihren persönlichen Lebens-Chart. Zeichnen Sie dazu auf einem rechteckigen Blatt ein Koordinatensystem bestehend aus x- und y-Achse ein (nur im positiven Bereich). Die x-Achse steht für Ihr Lebensalter (planen Sie die Einheiten großzügig, scheuen Sie sich nicht, die 100 Jahre aufzuschreiben). Auf der y-Achse tragen Sie die Werte in Einserschritten bis zur Zahl 10 ein. Die Zahlen stehen dafür, wie gut Sie sich damals fühlten (0 = absolut mies, 5 = neutral,

10 = schöner geht's nicht). Und nun befüllen Sie den Chart, indem Sie in Ihrer Biografie gedanklich zurückgehen und bei jeder Erinnerung Ihr Alter und Ihren Gemütszustand eintragen. Anschließend verbinden Sie die Punkte und schon haben Sie Ihre persönliche Lebenszwischenbilanz grafisch dargestellt. Nachdem Sie dieses Bild einige Zeit betrachtet haben, wagen Sie sich daran (am besten mit Bleistift), den zukünftigen Verlauf Ihres Lebens-Charts einzutragen. Wenn Sie Ihre prophetischen Fähigkeiten testen wollen, heben Sie den Chart in einer Schublade auf und holen ihn in ein paar Jahren heraus. Es würde mich überraschen, wenn Sie dann nicht die eine oder andere Korrektur vornehmen müssten.

Das Leben ist nur begrenzt vorhersehbar

Dieses Beispiel mit dem Chart soll zeigen, dass das Leben nur begrenzt geradlinig und vorhersehbar verläuft und dass Krisen plötzlich auftreten. Manchmal sieht man zwar die Anzeichen, aber nicht, wann es so weit sein wird. Trotzdem kann man sich vorbereiten. Ein Händler wird seine offenen Handelspositionen absichern und sich selbst Limits setzen, wann er diese Positionen wieder schließt. Er versucht dadurch sein Risiko zu begrenzen. Trotzdem weiß er, dass er an manchen Handelspositionen verdienen, an anderen aber verlieren wird. Ohne Risiko ist nun mal kein Profit zu machen. Die Herausforderung ist, das innewohnende Risikopotenzial richtig einzuschätzen und Vorsichtsmaßnahmen zu ergreifen. Und falls es doch zu einem Verlust kommt, schnell zu reagieren, alles in der Macht Stehende zu unternehmen, um Schlimmeres zu verhindern, und dabei nicht auf das Glück oder spirituelles Wohlwollen zu hoffen, sondern handlungsfähig zu bleiben. So unangenehm es für den Händler auch ist, er muss in dieser Situation der Realität ins Auge blicken und Verantwortung übernehmen. Dafür wird er bezahlt, das ist sein Job. Das wahrscheinlich Schwierigste daran ist, die Angelegenheit mit einer professionellen Distanz zu behandeln, damit man nachts noch gut schlafen kann. Wenn dann alles überstanden ist, fällt es dadurch auch leichter, damit abzuschließen und sich Neuem zuzuwenden, um neue Chancen zu finden, mit denen die erlittenen Verluste kompensiert werden können. Wie der Händler das schafft und wie das auch Ihnen gelingt, erfahren Sie in einem späteren Kapitel.

Zusammenfassung
 — Dieses Buch beschäftigt sich mit dem Umgang mit Krisen, im Speziellen am Beispiel der Banker im Umgang mit der Finanzkrise.

- Der Krisenablauf folgt dabei einem gewissen System, egal was die Krisenursache ist. Das Buch führt Sie durch diese Phasen und lässt die Banker über ihr Erleben zu jener Zeit zu Wort kommen.
- Krisen treffen jeden Menschen mindestens einmal im Laufe des Lebens. Das Erleben der Krisen ist jedoch genauso unterschiedlich wie der Umgang damit.
- Eine Krise ist nicht zwangsläufig negativ, sie ist ein Wendepunkt und kann auch eine Chance für Neues, Positives darstellen.
- Der professionelle Umgang mit Krisen kann erlernt werden und erleichtert den Umgang mit der Krise. Sie erhalten mehrere Tipps, die Ihnen in Krisenzeiten helfen können.

Was für mich wichtig ist:

_____
_____
_____
_____
_____

Literatur

Breier, S. (2015). *Im Epizentrum der Finanzkrise – Bewältigungsstrategien österreichischer BankerInnen*. Masterarbeit. Wien: Sigmund Freud Privat Universität.
Mayring, P. (2015). *Qualitative Inhaltsanalyse. Grundlagen und Techniken* (12., überarb. Aufl.). Weinheim und Basel: Beltz.

Phase 1 „Alles bestens"

Die Zeit vor der Krise

Silvia Breier

© Springer-Verlag Berlin Heidelberg 2017
S. Breier, *Die Krisen-Strategien der Banker*,
DOI 10.1007/978-3-662-53377-2_2

In diesem Kapitel geht es um die Zeit vor der Krise oder besser gesagt um die Zeit zwischen zwei Krisen. Der Zeitraum, in dem alles optimal verläuft.

Um die Bankenwelt zu verstehen, muss man sich mit ihren Besonderheiten befassen, die teilweise geschichtliche Hintergründe haben. Besonders relevant für dieses Buch ist die Entwicklung der Jahre 2001–2008, die erst die Entstehung der Finanzkrise ermöglichte.

Es zeigt sich auch die enge, teils ambivalente Verstrickung mit der Psychologie. Die Verhaltensökonomie untersucht und beschreibt, wie unsere Gefühle unsere Entscheidungen beeinflussen. Auch an den Finanzmärkten geht es nicht rein rational zu. Emotionen sind einer der Gründe für die Dynamik der Finanzkrise.

Wenn also von Gefühlen im Zusammenhang mit der Finanzkrise die Rede ist, treten die Institutionen der Banken in den Hintergrund und die handelnden Personen, also die Banker selbst, in den Vordergrund. Was sind das für Typen von Menschen, die diesen Beruf ausüben, was treibt sie an, was ist ihre Motivation? Wie sehen sie selbst ihren Job?

Das Wechselspiel von Arbeit und Psyche ist in diesem Zusammenhang ebenfalls von Bedeutung. Das Kapitel geht auf die Bedeutung von Arbeit für den Selbstwert, die eigene Identität und seelische Gesundheit ein.

Geld ist emotional besetzt und eng mit der Persönlichkeit verbunden

Das vielleicht Interessanteste an der Bankbranche ist, dass sie selbst keine Waren erzeugt, aber mit einer Ware handelt, die weltweit als sehr wichtig angesehen wird: Geld. Mit diesem Geld wird die Produktion anderer Waren, die Erbringung von Dienstleistungen, die Entlohnung von Mitarbeitern erst möglich. Vorbei sind die Zeiten des Tauschhandels, eben weil dieser sehr umständlich war. Geld hat eine Funktion als Zahlungsmittel. Gleichzeitig ist es stark emotional besetzt. Viele Menschen sehen Geld als Heilsbringer. Wenn sie nur reich wären, dann wären sie automatisch auch glücklich, denken sie. Geld wird Macht zugeschrieben, was in gewisser Weise auch stimmt. Finanziell besser gestellte Personen können ihren Kindern eine solide Ausbildung finanzieren und somit einen guten Start ins Berufsleben. Sie können sich bessere medizinische Behandlungen leisten und dadurch unter Umständen ihr Leben verlängern. Sie können tolle Reisen machen und einen aufwendigen Lebensstil pflegen. All dies ist aber keine Garantie für Glück und zieht trotzdem Neid auf sich. Den Menschen wohnt ein Grundbedürfnis nach Gerechtigkeit inne und sie wünschen sich das auch auf finanzieller Ebene. Geld ist eng mit der persönlichen Existenz verbunden und der Verlust von Geld schmerzt daher umso mehr.

Ich möchte Ihnen ein Gedankenexperiment vorstellen und Sie bitten, ganz ehrlich zu sein. Sie müssen Ihre Gedanken nicht laut aussprechen, keine Sorge. Stellen Sie sich vor, Sie spielen Lotto und gewinnen nicht. Sie werden vermutlich mit den Achseln zucken und hoffen, beim nächsten Mal mehr Glück zu haben. Wenn Sie dann beim nächsten Mal 30 Euro gewinnen, werden Sie sich wahrscheinlich freuen. Sollte Ihr Nachbar jedoch 100 Euro gewinnen, freuen Sie sich wahrscheinlich für ihn (sofern Sie ihn mögen), aber die Freude über Ihren eigenen Gewinn wird wahrscheinlich schon kleiner sein. Falls der Nachbar tatsächlich sogar 100.000 Euro gewinnt, tritt Ihre Freude wahrscheinlich in den Hintergrund und mehr oder weniger deutlich verspüren Sie vielleicht Gefühle wie Neid und ärgern sich über Fortunas Ungerechtigkeit. Ich wage zu behaupten, dass Sie nicht jedes Mal gleich gefühlt haben. Sie sehen also, Geld ist immer auch mit Emotionen verbunden und das macht die Beschäftigung damit auch so aufregend.

Es gilt mittlerweile als gut erforscht, „dass Psychologie und irrationales Verhalten bei wirtschaftlichen Abläufen tatsächlich eine wesentlich größere Rolle spielen, als sich rationale Ökonomen (und alle anderen) eingestehen wollten" (Ariely, 2010, S. 363).

Behavioral Finance

Dieser Zweig der Wirtschaftswissenschaft beschäftigt sich mit dem menschlichen, teils irrational erscheinenden Verhalten als Teilnehmer an den Finanzmärkten.

Behavioral Finance beschäftigt sich also mit der Frage, warum Sie überhaupt Lotto spielen. Die Gewinnchancen, v. a. auf einen höheren Gewinn, sind doch recht gering. Interessant auch die Frage, ob Sie lieber selbst die Zahlen auswählen (und wenn ja, welche) oder ob Sie dem Zufallsgenerator des Computers mehr vertrauen (und wieso). Mit welcher Gewinnsumme rechnen Sie und wie kommen Sie darauf? Wenn Sie einen Betrag verspielt haben, der der erwarteten Gewinnsumme entspricht, spielen Sie dann weiter, weil Sie meinen, irgendwann müssen Sie ja mal gewinnen? Ein rationaler Lottospieler, sofern es ihn überhaupt gibt, würde wahrscheinlich ganz anders antworten als einer, der ans Glück glaubt.

Homo oeconomicus

Der Homo oeconomicus ist die Annahme eines absolut rational agierenden Marktteilnehmers, dessen oberstes Ziel die Gewinnmaximierung ist. Der Glaube an seine Existenz war einige Zeit sehr weit verbreitet und eng verbunden mit der Vorstellung eines vollkommenen Marktes. Mittlerweile wird diese Idee jedoch stark angezweifelt. So meint der bekannte Ökonom und Wirtschaftswissenschaftler Robert Shiller: „Was soll das Gerede, welchen Zinssatz haben Menschen im Kopf?" (Zeyringer, 2015, S. 63), womit er zu bedenken gibt, dass vielen Menschen gar nicht die nötigen Informationen und Berechnungsmöglichkeiten zur Verfügung stehen, um überhaupt den maximalen Gewinn errechnen zu können, geschweige denn, dass sie überhaupt so vorgehen wollen. Der Motivationspsychologe Jörg Zeyringer meint, dass es den Homo oeconomicus nicht gibt.

„Der Homo oeconomicus scheitert an seinen Emotionen. Menschen sind zutiefst emotionale Wesen. Die Annahme, dass Gefühle bei Entscheidungs- und Motivationsprozessen keine Rolle spielen, ist schlichtweg absurd. Selbstverständlich spielt der Nutzen einer Handlung eine bedeutende Rolle. Aber auch der Sinn und der Wert einer Sache." (Zeyringer, 2015, S. 66)

Finanzielle Ressourcen sichern die Existenz, nicht jedoch das persönliche Glück

Warum ich Ihnen das alles erzähle, wo dieses Buch doch von Krisen handelt? Nun, ich möchte Ihnen vor Augen führen, wie stark Geld in Wechselwirkung zu unseren Gefühlen steht und wie es dadurch unser Leben beeinflusst. Abgesehen davon, dass unsere Existenz und unsere Lebensart zu einem großen Teil von unseren finanziellen Ressourcen abhängen, nicht jedoch unser Glück. Eines ist klar, je mehr Ressourcen (finanzieller und anderer Natur) einem in einer Krise zur Verfügung stehen, desto größere Chancen hat man, sie gut zu überwinden. Und so sind wir bei den Bankern angelangt, bei denen sich beruflich alles um die finanziellen Ressourcen dreht.

❓ Historische Entwicklung des Bankensektors

Im 7. Jh. v. Chr. wurden erstmals Münzen geschlagen und das sorgte in weiterer Folge dafür, dass die Händler finanziell und politisch mehr Macht erreichten (vgl. Zeyringer, 2015, S. 15). Im Zuge der Kreuzzüge kam es im 11. Jahrhundert zu einem großen Wachstum der Handelsbeziehungen zwischen dem Nahen Osten und Europa, was gleichzeitig auch der Impuls für das Entstehen des Bankwesens, v. a. in Oberitalien und Flandern, war. Geldleiher stellten Kapital zur Verfügung, für das sie Zinsen und oftmals auch Sicherheiten verlangten. Eine florierende Wirtschaft und ein funktionierendes Bankwesen bedingen einander gegenseitig und die Verstrickungen von Finanz, Wirtschaft und Politik sind seit jeher eng. Namen berühmter Bankhäuser wie Medici, Fugger oder Rothschild sind auch heute noch ein Begriff.

Herrscher, egal ob weltliche oder religiöse Oberhäupter, brauchten zur Finanzierung ihres Hofstaates oder ihrer Kriege Geld, welches Sie von den ersten Geldhäusern entliehen. Wobei Gutle Rothschild, die Ehefrau des Gründers des Bankhauses Rothschild, einmal gesagt haben soll: „Es kommt nicht zum Krieg – meine Söhne geben kein Geld dazu her" (Zeyringer, 2015, S. 19). Die ersten Staats- und Kriegsanleihen gab es etwa in der Mitte des vorigen Jahrtausends und durch sie nahmen die Staaten das nötige Geld auf, um ihre Kriege zu finanzieren. Dies brachte aber nicht immer das gewünschte Geschäft für die Bankiers. Als England sich unter König Edward III 1345 weigerte, die Schulden zu bezahlen, war dies der Bankrott für die Bankiers Bardi und Peruzzi (vgl. Zeyringer, 2015, S. 20).

Das Verleihen von Geld gegen Zinsen wurde bzw. wird in einigen Religionen als unmoralisch betrachtet, da der Gewinn des Gläubigers, also des Geldverleihers, nicht an die Realwirtschaft geknüpft ist. Die Kirche argumentierte auch damit, dass Geld sich nicht vermehren könne, da es nicht von Gott erschaffen wurde, es also unfruchtbar sei. Ein mittelalterliches Sprichwort sagt „Nummus non parit" – „Geld pflanzt sich nicht fort" (vgl. Wellendorf, 2013, S. 39). Wenn nun ein Geldverleiher Zinsen (im Altgriechischen heißt „Zinsen" auch „der Sohn, die Nachkommenschaft") verlange, versündige er sich und sei gottlos und pervers (vgl. Wellendorf, 2013, S. 39).

Es ging so weit, dass Kaufleute mit Prostituierten gleichgestellt wurden (vgl. Zeyringer, 2015, S. 33). Auch Sigmund Freud sah zwischen Geld und Sexualität eine Verbindung, da beide zwiespältig, prüde und heuchlerisch behandelt würden (vgl. Focke, Scheferling & Kayser, 2013, S. 13). Werner Pohlmann meint, dass Geld wie die Libido ein Mittel zur Befriedigung des Begehrens sei. Das Begehren (des Geldes) führe dazu, dass dem Geld ein Wert zugeschrieben wird (vgl. Focke, Scheferling & Kayser, 2013, S. 17).

Im christlichen Europa des 16. Jahrhunderts gab es das „kanonische Zinsverbot". Davon ausgenommen waren Juden, denen es andererseits verboten war, ein Handwerk zu ergreifen. So verlegten sie sich recht erfolgreich aufs Bankgeschäft und Namen wie Rothschild sind auch heute noch ein Begriff. Trotz der Ablehnung durch die Kirche wurden die Möglichkeiten der Finanzierung und Veranlagung, die von den Bankhäusern geboten wurden, auch von dieser gerne in Anspruch genommen. Im Islam gilt das Zinsverbot noch heute und so haben sich eigene Banken bzw. Bankprodukte etabliert, die schariakonforme Bankgeschäfte anbieten.

Die Papiergeldschöpfung fand vom 9.–14. Jahrhundert in China statt. Der Kaiser führte dafür das „Amt für bequemes Geld" ein, da man dieses Geld nicht aus Arbeit schöpfte, sondern einfach druckte (vgl. Binswanger, 2009, S. 27).

In Europa wurde Papiergeld 1660 von der schwedischen Staatsbank eingeführt (vgl. Zeyringer, 2015, S. 21). 1692 wurde die Bank von England gegründet, die nicht, wie man denken könnte, eine staatliche Bank ist, sondern eine Privatbank mit staatlichen Privilegien. Sie durfte Banknoten ohne vollständige Golddeckung ausgeben, was die Basis des heutigen Währungssystems bildet (vgl. Binswanger, 2009, S. 27f). Wie Zeyringer erkannte, sank etwa zeitgleich die Analphabetenrate in Europa und der Soziologe Urs Stäheli bemerkte, dass zur selben Zeit das Glücksspiel zunahm (vgl. Zeyringer, 2015, S. 21).

Spekulation war bereits in früheren Zeiten ein Thema, sodass die ersten Börsen entstanden. Eine der bekanntesten Spekulationen fand im 17. Jahrhundert in Holland statt und ist heute unter dem Begriff „Tulpenkrise" bekannt. Tulpenzwiebeln wurden zum Höhepunkt der Spekulation zu den Preisen eines Hauses an einer Gracht gehandelt (vgl. Zeyringer, 2015, S. 23). Hier zeigt sich ganz deutlich, wie schnell sich der Preis eines Gutes von seinem realen Wert abkoppeln kann, wenn die Menschen der Meinung sind, jemand anderer sei bereit, noch mehr dafür zu bezahlen. Wenn so eine Spekulationsblase platzt, kommt es in der Folge oft zu einer Finanz- und durch die Verstrickung des Finanzsystems mit der Wirtschaft auch zu einer Wirtschaftskrise, wenn auch mit einer gewissen zeitlichen Verzögerung. Die Finanzkrise des Jahres 2008 wurde oft mit der großen Krise des 20. Jahrhunderts verglichen. Damals folgte auf den „Schwarzen Freitag" 1929 die große Depression in den 1930er-Jahren, die auch die Politik der Folgejahre beeinflusste.

Was sind aber genau die Aufgaben einer Bank? Der Name „Bank" leitet sich vom italienischen „banco" ab, dem Tisch,

auf dem die Geldwechsler damals ihre Geschäfte tätigten.
Die Hauptaufgaben von Banken sind die Kreditvergabe und
die Verwahrung von Spareinlagen. Darüber hinaus wickeln
viele Banken den Zahlungsverkehr von Kunden ab und
stellen weitere Dienstleistungen bereit. Banken mit diesem
Angebotsspektrum nennt man „Universalbanken" oder
auch „Geschäftsbanken". Daneben gibt es „Spezialbanken",
die sich auf einige wenige Geschäftsbereiche verlegt
haben, wie etwa Immobilienfinanzierung oder Gemeinde-
finanzierung. Banken mit dem Hauptgeschäftszweig
Vermögensverwaltung oder Wertpapierhandel bezeichnet
man auch als „Investmentbanken". Sie vergeben oftmals keine
Kredite. Die Unterscheidung zwischen Geschäftsbanken
und Investmentbanken wird auch als „Trennbankensystem"
bezeichnet.
Vor allem bei Geschäftsbanken gibt es in der Regel Filialen,
in denen Kunden betreut werden. In den letzten Jahren
setzt sich der Trend zu virtuellen Filialen immer mehr durch.
Innerhalb einer Bank gibt es mehrere Abteilungen mit
Aufgaben wie Buchhaltung, Controlling, Compliance, Treasury,
Abwicklung.

Für Banker ist es Teil ihres Alltags, mögliche Verluste für die Bank
und die Kunden abzuschätzen, Krisen zu bewältigen und Instrumente zu finden, um sich gegen solche Krisen zu wappnen. Dies
machen sie in vielen verschiedenen Jobs, aber all diesen Mitarbeitern ist gemein, dass sie die Möglichkeit eines Scheiterns bei einem
Geschäft in Betracht ziehen und in der Regel selbst schon erlebt
haben. Und was ist Scheitern anderes als eine Form der Krise,
zumindest beim ersten Mal? Wenn man zum ersten Mal im Leben
die Erfahrung einer persönlichen Niederlage macht, schmerzt dies
fast immer sehr. Es ist aber gleichzeitig eine wichtige Lernerfahrung,
die uns Erkenntnisse bringt, wie man es beim nächsten Mal besser
machen kann. Doch das Risiko des Scheiterns lässt sich nie zu 100%
ausschließen. Akzeptiert man diese Tatsache, dann kann man eine
weitere Niederlage besser verkraften, sofern man selbst sein Mög-
lichstes dazu beigetragen hat, diese zu verhindern.

Gerade in den Handelsabteilungen der Banken, dem sog. Treasury, kennen die Mitarbeiter sich bestens aus mit Niederlagen (und
natürlich auch mit Siegen, das soll nicht unter den Tisch fallen).
Der Job der Banker in diesem Bereich ist es, Handelspositionen einzugehen. Dafür müssen sie also eine Entscheidung treffen, ob sie
eher glauben, dass der Kurs eines Basiswertes, beispielsweise der
Ölpreis, steigen oder fallen wird. Selbst wenn sie sich intensiv mit

Banker versuchen zukünftige Ereignisse zu antizipieren, um Risiken begrenzen zu können dem Ölpreis und seiner Entwicklung auseinandergesetzt haben, bleibt immer noch das Faktum, dass sie keine Kristallkugel besitzen und in die Zukunft schauen können.

> ❓ Bei Wertpapieren und komplexen Finanzprodukten ist ihr Wert oftmals schwer zu bestimmen, denn er hängt u. a. von zukünftigen Annahmen und Erwartungen ab. In der Ökonomie wird der Begriff „Unsicherheit" mit „Risiko" gleichgesetzt, nämlich das Risiko, dass Fall A, B oder C eintritt, dass man beispielsweise 5%, 20% oder 100% verliert. Das hat den Vorteil, dass man Risiko messen und Vorhersagen machen kann (vgl. Tuckett, 2013, S. 147). Nicht ohne Grund sitzen in Banken viele Mathematikgenies, sog. Quants, die sich mit Heuristiken und Wahrscheinlichkeitsrechnungen beschäftigen. Gerade im Finanzbereich gibt es allerdings noch eine andere Bedeutung von Unsicherheit, nämlich nicht wissen zu können, was als nächstes passieren wird, was als Knightsche Unsicherheit bezeichnet wird (vgl. Tuckett, 2013, S. 147). Diese Knightsche Unsicherheit ist es auch, die in Krisen symptomatisch ist und die entsprechende Ängste verursacht.

Niederlagen und Verluste lassen sich nie gänzlich verhindern

Händler in Banken können aufgrund ihrer Analysen und Erfahrung sagen, dass der Ölpreis sich mit einer gewissen Wahrscheinlichkeit nach oben oder unten verändern wird, niemals aber mit vollkommener Gewissheit. Jedem von ihnen ist bewusst, dass sie als Experten mit ihrer Einschätzung oft richtig liegen, manchmal jedoch auch falsch. Diese Tatsache wird von allen so akzeptiert, das ist Teil des Jobs. Perfektionismus ist hier völlig unangebracht. Ein realistischer Blick ist nötig. Weil eben jedem klar ist, dass beispielsweise acht von zehn Prognosen richtig sind, weiß auch jeder, dass zwei Prognosen falsch sind. Die Händler sehen diese falschen Prognosen aber nicht als Niederlage, sondern als natürliche Gegebenheit. Sie versuchen von vornherein, Verluste, die durch eine falsche Prognose entstehen, einzudämmen, aber nicht, sie zu verhindern, denn das ist unmöglich. Krisen bedeuten in der Regel auch Verluste und darum werden im Zusammenhang mit Krisen auch immer wieder die Handelsabteilungen der Banken genannt. Nachdem dort große Geldbeträge im Spiel sind, sind dementsprechend auch hohe Verluste möglich.

Der bedeutende Psychologe und Wirtschaftsnobelpreisträger Daniel Kahneman beschäftigt sich mit der Prospect Theory, einem Teil der Verhaltensökonomie. Ein wichtiger Teil davon ist die Annahme, dass Menschen nicht rational agieren, sondern dass ihre Entscheidungen durch kognitive Verzerrungen beeinflusst werden. Wenn im Nachhinein viele Menschen der Meinung sind, die Finanzkrise 2008 wäre erkennbar und verhinderbar gewesen, so unterliegen die meisten von ihnen einem Rückschaufehler. Denn Menschen verfügen nur über eine mangelhafte Fähigkeit, das damalige Wissen, das zu den Entscheidungen der Vergangenheit geführt hat, zu rekonstruieren. Wir beurteilen daher nicht die Qualität des Entscheidungsprozesses, sondern nur das Ergebnis, was Kahneman einen Ergebnisfehler nennt. Wenn das Ergebnis schlecht ist, werden den Entscheidungsträgern, z. B. Bankern und Politikern, Vorwürfe gemacht (vgl. Kahneman, 2015, S. 249ff). Vorhersagefehler sind jedoch unvermeidlich, da die Welt nicht vorhersehbar ist (vgl. Kahneman, 2015, S. 273).

Weil wir uns die Vergangenheit durch plausibel klingende Geschichten erklären, unterliegen wir der Illusion, auch die Zukunft vorhersagen zu können.

» Die Illusion, wir verstünden die Vergangenheit, fördert die Überschätzung unserer Fähigkeit, die Zukunft vorherzusagen. (Kahneman, 2015, S. 270)

2.1 Lebenseinstellung

Sehen wir uns nun genauer an, was das für Menschen sind, die in diesem sensiblen Bereich arbeiten. Laut Martin Seligman, dem Begründer der „Positiven Psychologie", tendieren Menschen dazu, entweder grundsätzlich optimistisch oder pessimistisch zu sein. Pessimisten sehen die Welt realistischer und sind deswegen in einer Finanzabteilung oder im Controlling besonders gut aufgehoben, da sie sensibel sind für mögliche Risiken und dementsprechend vorsichtig agieren. Optimisten hingegen hegen v. a. Zuversicht und Hoffnung und sind bestens geeignet für Jobs im Vertrieb und in der Planungsabteilung (vgl. Seligman, 2001, S. 177). Optimisten überstehen schwierige Zeiten in der Regel leichter als Pessimisten, die dann häufig vor dem Gefühl der Hilflosigkeit kapitulieren. Doch nicht nur die grundsätzliche Einstellung, sondern auch die unterschiedliche Motivation sorgt dafür, dass Menschen sich in bestimmten Bereichen eines Unternehmens wohler fühlen als in anderen. Der Motivationspsychologe Jörg Zeyringer spricht von der individuellen Motivtendenz. Lageorientierte Typen vermeiden Veränderungen, sie möchten den aktuellen Zustand bewahren. Risikovermeidung steht hier im Vordergrund und veranlasst sie eher zur Passivität. Handlungsorientierte Typen sind eher in Bewegung, sie haben ein Ziel vor Augen, das sie konsequent verfolgen, weil sie an seine Erreichbarkeit glauben. Dafür nehmen sie

Je nach Persönlichkeitstyp variiert der Umgang mit Risiken

auch Risiken in Kauf, weil sie ja vom Gelingen überzeugt sind. Sie lieben einen großen Freiraum und treffen gerne eigenständig Entscheidungen (vgl. Zeyringer, 2015, S. 101f). In einer Bank gibt es viele verschiedene Bereiche, sodass man nicht von „dem typischen Banker" reden kann. Das Controlling oder die Risikomanagementabteilung ist ein interessantes Arbeitsfeld für Menschen, denen es leicht fällt, analytisch zu denken und genau zu arbeiten. Kreative Köpfe werden sich in der Regel eher in den Marketingabteilungen von Banken finden, wohingegen kommunikative Typen sich im Kontakt mit Kunden am wohlsten fühlen werden.

2.2   Motivation

Was motiviert eigentlich Banker, diesen Job auszuüben? Was ist ihr Antrieb und wo kommt er her?

? The big three

In der Motivationspsychologie ist die Theorie „The big three" derzeit sehr populär. Diese behauptet, dass es nicht bloß eine Motivation gibt, die auf alle Menschen gleich wirkt, sondern dass Menschen unterschiedlich motiviert werden können, wobei hier der Wortursprung „movere" „jemanden bewegen bzw. begeistern" bedeutet. Unterschieden wird zwischen den Motiven Leistung, Bindung und Macht.

Motiv Leistung

Hier steht der Wunsch im Vordergrund, eine Leistung zu erbringen, und das auf immer bessere Art und Weise. Dahinter kann die Suche nach Selbstbestätigung eines positiv-stabilen Selbstwertgefühls, die Angst vor einem Misserfolg, der das Selbstwertgefühl schwächt, oder einfach der Spaß an der Herausforderung und Kompetenzerweiterung liegen. Als Belohnung für die erbrachte Leistung winken Stolz und Zufriedenheit. Gerade beim Leistungsmotiv handelt es sich um ein Ein-Personen-Stück. Die Leistung erbringt man alleine und eignet sich somit Fachkompetenz an.

Motiv Bindung

Hier ist vorrangig, Beziehungen zu anderen Menschen aufzubauen und zu halten sowie zu einer Gruppe zu gehören. Evolutionär gesehen ist dieser Wunsch sehr alt, da eine Gruppe Schutz und Sicherheit bietet und somit das Überleben des Individuums sichert. Auch ist die Zugehörigkeit zu einer Gruppe identitätsstiftend, denken Sie nur an Anhänger bestimmter Fußballvereine, die für ihren Klub „leben".

Was Menschen aus diesen Bindungen schöpfen, ist Sicherheit, Freude und Vertrauen. Klarerweise sind dafür andere Personen nötig und die Kompetenz, die aus gelungenen Beziehungen entsteht, ist die soziale Kompetenz.

Motiv Macht

Hier regiert der Wunsch, andere Menschen und Situationen zu beherrschen, es also in der Hand zu haben, was passiert. Auch dieses Bedürfnis nach der egoistischen Befriedigung eigener Wünsche ist evolutionsbedingt erklärbar und findet sich ebenfalls im Tierreich wieder. In Rudeln ist das ranghöchste Tier oft bevorzugt bei der Ernährung und der Fortpflanzung. Was dafür nötig ist, sind andere Menschen, die sich führen lassen. Durch das Ausleben der Macht steigt die persönliche Kompetenz (vgl. Zeyringer, 2015, S. 94ff).

Meine Interviewpartner beschrieben mir immer wieder, wieviel Spaß es ihnen macht, ihren Job auszuüben. Sie erfreuen sich an der Tätigkeit an sich, lieben die Herausforderung und das Tun. Darum würde ich vermuten, dass das Leistungsmotiv hier besonders ausgeprägt ist, wofür auch spricht, dass Banker schlussendlich Einzelziele vorgegeben haben und weniger bis gar nicht an Gruppenzielen gemessen werden. Zeyringer betont, dass leistungsorientierte Menschen am besten auf einer inhaltlichen Ebene durch Aufgaben in einer mittleren Schwierigkeitsstufe oder knapp darüber motivierbar sind (vgl. Zeyringer, 2015, S. 108).

» Dort wo Erfolg und Scheitern gleichermaßen möglich sind, kommt es auf die handelnde Person an. Deren Möglichkeiten müssen mit den Herausforderungen der Arbeit weitgehend übereinstimmen. Leistungsmotiviertes Verhalten haben wir als Ein-Personen-Stück definiert. Wenn die Aussicht besteht, selbst den wesentlichsten Beitrag am Gelingen eines Vorhabens zu leisten, arbeitet das Belohnungszentrum und setzt Energie frei. (Zeyringer, 2015, S. 108)

? Belohnungszentrum

Wenn es darum geht, Gefühle von Lust, Belohnung und Glück zu erzeugen, arbeiten im Gehirn mehrere Bereiche zusammen, u. a. die Amygdala, der Thalamus, der präfrontale Kortex und der Nucleus accumbens, der als das eigentliche Belohnungszentrum gilt. Das Belohnungszentrum wird schon dann aktiviert, wenn wir ein erstrebenswertes Ziel vor Augen haben. Der Körper produziert dann u. a. die Neurotransmitter Dopamin und Serotonin. Speziell Dopamin,

Menschen sind abhängig von ihren persönlichen Werten auf unterschiedliche Arten motivierbar

das sog. „Glückshormon", ist hierfür wichtig. Es liegt allerdings ein gewisses Suchtpotenzial darin, denn von allem, was Spaß macht und was wir als befriedigend erleben, wollen wir in der Regel mehr (vgl. Zeyringer, 2015, S. 105f). Die Aussicht auf Belohnung steigert die Motivation, allerdings stumpfen wir mit der Zeit emotional immer mehr ab. Der Verhaltens-physiologe Gerhard Roth beschreibt, dass es sich in der Regel intensiv und aufregend anfühlt, wenn Menschen etwas zum ersten Mal erleben. Je öfter man dieselbe Erfahrung schon gemacht hat, desto weniger intensiv erlebt man sie bei einer neuerlichen Wiederholung (vgl. Roth, 2001, S. 270). Hier hilft dann nur eine höhere Dosis, um den besonderen Kick des Anfangs wieder zu erleben. Um das Belohnungszentrum zu aktivieren, muss es noch nicht einmal sicher sein, dass das Ziel erreicht wird. Auch die Unsicherheit dürfte dafür sorgen, dass Dopamin ausgeschüttet wird, wie der Neurobiologe Manfred Spitzer herausgefunden hat (vgl. Zeyringer, 2015, S. 168f). Das erklärt, warum so viele Menschen Lotto spielen. Sie träumen von einem hohen Gewinn, wohl wissend, dass daraus sehr wahrscheinlich nichts wird. Doch alleine der Nervenkitzel und die Chance, dass eventuell ihre Gewinnzahlen kommen, sorgen dafür, dass das Gehirn einen Hormoncocktail mixt, der Hochstimmung verbreitet.

Motivation aus eigenem Antrieb wirkt langfristig stärker als extrinsische Motivation

Obwohl meine Interviewpartner auch die gute Stimmung im Team immer wieder lobten und als sehr wichtig für sich beschrieben, scheint sie nicht so sehr im Vordergrund zu stehen wie die Möglichkeit, sich selbst immer wieder zu beweisen und damit auch den eigenen Marktwert zu überprüfen. Externe Motivationsfaktoren sind in der Bankbranche gegeben. Ein vergleichbar gutes Grundgehalt und die Aussicht auf eine Extrazahlung sind schwerwiegende Anreize, einen Bankjob zu ergreifen. Viel wichtiger, um den Job auf Dauer gut zu machen, ist aber die intrinsische Motivation, also der Anreiz aus einem selbst heraus. Der Wunsch, eine gute Leistung abzuliefern, wodurch das Belohnungszentrum aktiviert wird, wiegt bei vielen mindestens genauso schwer wie die finanzielle Entlohnung. Die meisten Banker, die ich kennen gelernt habe, brennen für Ihren Job.

2.3   Gehalt

Banker werden in der Regel daran gemessen, wieviel Geld sie für die Bank verdienen, und diese Vergleichbarkeit ist ein wichtiger Punkt für Gleichbehandlung. Obwohl es offenbar immer noch gläserne

Decken gibt, wenn man sich die erschreckend geringe Frauenquote unter Top-Managern ansieht, so sind die Möglichkeiten für ein gutes Einkommen für Frauen in der Bankbranche besonders hoch.

Das Gehalt von Bankern besteht in der Regel aus dem Grundgehalt und einer erfolgsabhängigen Bonuszahlung, die je nach Erfolg, Bank und Verhandlungsgeschick stark variieren kann. Diese Form der Vergütung hat sich in der Bankbranche durchgesetzt und wird untermauert von Thesen wie der Equity-Theorie, wonach Menschen eine faire Gegenleistung für ihren Arbeitseinsatz erwarten. Bekommen sie diese nicht, wirkt sich das auf ihre Motivation aus (vgl. Zeyringer, 2015, S. 217f). Erfolgreiche Mitarbeiter werden auch von anderen Unternehmen begehrt und können somit in Gehaltsverhandlungen leichter agieren. Doch nicht nur die Banker werden belohnt, wenn sie für die Bank erfolgreich sind, sondern auch die Aktionäre, indem der Aktienkurs steigt und es eine Dividendenzahlung gibt. Im Zuge der Finanzkrise wurde den Bankern lautstark vorgeworfen, zu gierig zu sein und wegen der Aussicht auf eine hohe Bonuszahlung zu hohe Risiken eingegangen zu sein. Dabei muss nicht einmal Geld per se der Grund dafür sein, möglichst viel verdienen zu wollen. Auch der Status, den ein Mensch aus seinem Einkommen bezieht, kann ein Anreiz sein, nach immer mehr zu streben, auch wenn man es finanziell gar nicht nötig hätte. „Der Wert eines Menschen wird darüber definiert, was er verdient", sagt der Soziologe Rolf Haubl (Pflichthofer, 2013, S. 199).

2.4 Gier

Im Zusammenhang mit der Finanzkrise schreibt die Ökologin und Expertin für komplementäre Währungen Margrit Kennedy:

» Nein, es liegt nicht in erster Linie an der Gier der Investmentbanker und ihrer Investoren, die nun von den Medien für das Desaster verantwortlich gemacht werden. Wenn es schon an den Menschen liegen soll, dann liegt es an unser aller Gier. Denn wer von uns hätte nicht gern gehabt, dass die Bank aus unserem Geld das meiste Geld machen würde. (Kennedy, 2009, S. 149)

Sie drückt damit aus, dass Gier ein ganz normales menschliches Verhalten ist. Der Soziologe Max Weber meinte, dass die Gier nach „dem verfluchten Gold" so alt ist wie die Geschichte der Menschheit (vgl. Deutschmann, 2009, S. 248). Goethe bringt es in Faust I auf den Punkt in den Worten: „Nach Golde drängt, am Golde hängt, doch Alles. Ach wir Armen!" (Goethe, 2000, S. 81).

Gier zielt auf die Aktivierung des Belohnungszentrums im Gehirn ab; wie bei anderen Süchten auch ist eine immer höhere Dosis nötig, um (kurzfristig) Befriedigung zu erlangen

Gier steht in engem Zusammenhang mit dem Erreichen von Zielen. Sobald Ziele erreicht werden, wird das Belohnungszentrum im Gehirn aktiviert, welches dieselben Botenstoffe freisetzt wie dies etwa auch bei einem Orgasmus der Fall ist. Es muss also nicht in erster Linie Geld sein, das die Banker antreibt, sondern ganz einfach die Erwartungshaltung einer Belohnung, in welcher Form auch immer. Liegt eine Störung der Belohnungserwartung des zuständigen Gehirnkerns vor, entwickelt sich der Antrieb zur Gier, die grenzenlos ist (vgl. Haller, 2013, S. 60). Der Philosoph und Soziologe Georg Simmel gibt zu bedenken, dass es für die Motivationskraft des Geldes keine Sättigungsgrenze gibt (vgl. Zeyringer, 2015, S. 126).

2.5   Männer und Frauen

Forscher haben nachgewiesen, dass die Testosteronkonzentration im Blut während eines Wettkampfes steigt, und nennen Testosteron deshalb auch Dominanzhormon. Der Sieger wird mit einer Ausschüttung weiterer Wohlfühlhormone belohnt und dadurch zusätzlich darauf programmiert, sich zukünftig eher dominant zu verhalten, um neuerlich in deren Genuss zu kommen (vgl. Bauer, 2011, S. 75).

Testosteron fördert die Risikobereitschaft

» Finanzmakler treffen, wenn sie unter hohem körpereigenem Testosteron stehen, riskantere Entscheidungen. (Bauer, 2011, S. 74)

Im Treasury-Bereich liegt der Männeranteil bei etwa 75–80%, in Filialen deutlich niedriger. Da Männer einen höheren Testosteronspiegel haben als Frauen, erklärt das vielleicht, warum sich in den Handelsabteilungen der Banken eher Männer finden und in den Bereichen mit Kundenkontakt mehr Frauen, denen eine größere Veranlagung für Kommunikation nachgesagt wird. Es wird immer wieder diskutiert, ob es einen genderspezifisch differenzierten Umgang mit Finanzen gibt. Eine, die es wissen müsste, ist Christine Lagarde, Direktorin des Internationalen Währungsfonds, die einmal meinte, dass die Krise 2008 anders verlaufen wäre, wenn es sich um Lehman Sisters anstatt Lehman Brothers gehandelt hätte, da Frauen in Krisenzeiten mehr Gelassenheit, Verantwortungsbewusstsein und Pragmatismus zeigen (NZZ, 2014).

Der Psychoanalytiker Herbert Will schreibt über Banker, dass sie in relativ spannungsfreien identifikatorischen Beziehungen in horizontalen Gruppen mit einem freundschaftlichen oder geschwisterlichen Charakter in einer Parallelgesellschaft leben, was ihnen das Gefühl gibt, einer besonderen Gruppe anzugehören, was aber durch das institutionell geförderte Rivalisieren gestört wird (vgl. Will, 2013, S. 170). Damit beschreibt er sehr gut, was auch meine Interviewpartner berichten: dass zwar die Teamstimmung sehr wichtig ist, jeder aber trotzdem ein Einzelkämpfer bleibt und man untereinander in Konkurrenz steht.

2.6 Spaß und Teamstimmung

Meine Interviewpartner betonten v. a. die gute Stimmung im Team und den Spaß, den sie bei der Arbeit und miteinander hatten. Den Feierabend und die Freizeit verbrachten sie gerne gemeinsam und auch die Familien waren oft dabei. Der Sozialkontakt war eng und motivierte die Menschen zusätzlich, in der Arbeit ihr Bestes zu geben. Sie leisteten freiwillig Mehrarbeit und kamen sogar krank ins Büro, weil die Identifikation mit dem Job und der Bank, aber auch das Gefühl der Verantwortung für den eigenen Bereich sehr hoch war. Die Zeit vor der Finanzkrise war sehr profitabel, es war leicht, in diesem Marktumfeld Gewinne zu erwirtschaften. Die Belohnungszentren in den Gehirnen arbeiteten auf Hochtouren, was die Banker noch mehr motivierte. Viele von ihnen sagten, der Job war erfüllend, manche von ihnen meinten gar, er sei ihr Leben gewesen.

> Spaß an der Arbeit und eine gute Teamstimmung schweißen eine Gruppe zusammen

Irritierenderweise berichteten mir die Banker immer wieder, wie wichtig ihnen die gute Stimmung im Team und der freundschaftliche Umgang mit Kollegen sind, gleichzeitig sagten auch alle, dass der Ton v. a. in einer Handelsabteilung ein sehr rauer ist.

Das deckt sich auch mit meiner Erfahrung, aber auch ich sehe das nicht als Nachteil. „Zeit ist Geld" und Händler stehen den ganzen Tag unter Strom. Der Markt bewegt sich und jede verzögerte Reaktion kann Geld kosten. Darum haben es sich Händler angewöhnt, klare Aussagen zu treffen und auf den Punkt zu kommen. Da gibt es keine abschwächenden, die Aussage verwaschenden Höflichkeitsfloskeln, die v. a. für die österreichische Sprache typisch sind. Kein „ich hätte gerne, wenn es möglich wäre … ", sondern ein klares „ich kaufe von dir … ". Sie werden kaum je ein Telefonat zwischen zwei Händlern hören, das mit Smalltalk übers Wetter beginnt. Ein „Hi" ist die kürzestmögliche Begrüßung und deshalb sehr beliebt. Es gibt bei elektronischen Handelssystemen sogar Tasten, die mit solchen Höflichkeitsformeln vorbelegt sind. Ein Druck auf Taste 1 erzeugt dann den Satz „Schönen guten Morgen" und Taste 2 schreibt „Danke vielmals fürs Geschäft, ich wünsche dir noch einen schönen Tag". In einer Welt, in der für Plaudereien oft kein Platz ist, ist deswegen auch die Sprache direkter und ehrlicher. Das mag für Außenstehende oberflächig und brutal wirken und ist im Alltag außerhalb der Bank sicher nicht angebracht. Innerhalb der homogenen Gruppe der Banker aber stößt sich niemand daran. Im Gegenteil, man schätzt die Offenheit und dass man sofort weiß, woran man ist.

2.7   Sicherheit

Ein Job in einer Bank galt früher als sicher und angesehen

Bei den Interviews, die ich im Zuge meiner Masterarbeit geführt habe, fragte ich die Banker nach dem Grund für ihre Berufswahl. Es überraschte mich, dass es bei vielen von ihnen reiner Zufall war, dass sie in der Bank zu arbeiten begonnen hatten, so wie bei mir selbst. Die meisten von ihnen hatten nach der Schule irgendeinen Job gesucht und sich eben auch in Banken beworben. Dies zu einer Zeit, als die Arbeitslosigkeit sehr gering war, und so bekamen sie meistens auch gleich nach dem Vorstellungsgespräch ein konkretes Jobangebot. Ihre Familien und Freunde rieten ihnen dazu, den Bankjob zu ergreifen, da er ähnlich wie ein Beamtenjob ein sicherer Job auf Lebenszeit zu sein schien, gut bezahlt und hoch angesehen. Auch heute noch sprechen manche Leute von „Bankbeamten" statt von „Bankangestellten". Diejenigen Interviewten, die (zumeist Betriebswirtschaft) studiert hatten, hatten konkretere Jobvorstellungen und mehr Interesse an Wirtschaft und Finanzen.

Vor Beginn der Finanzkrise 2008 war die Beschäftigung im Bankensektor weltweit sehr hoch und stark im Wachstum begriffen. Es gab genügend Jobs und diese waren im Vergleich zu anderen Branchen überdurchschnittlich gut bezahlt. Wobei man hier jedoch Jobs im Filialbereich kaum mit Jobs im Investmentbanking vergleichen kann, wo auch die Arbeitsbedingungen ganz andere sind.

2.8   Abwechslung

In der Bankbranche ist kein Tag wie der andere

Was am Bankensektor für mich immer so faszinierend war, ist die internationale Vernetzung und die Aktualität. Wenn es ein Erdbeben in Japan gibt, hat das sofort Auswirkungen auf die Aktienkurse. Wenn Atomkraftwerke vom Netz genommen werden müssen oder ein Hurrikan im Golf von Mexiko tobt, beeinflusst das den Rohölpreis. Wenn eine Notenbank ein Statement zu ihrer Politik abgibt, schwanken die Wechselkurse etc. Viele Banker schätzen diese Abwechslung, bei der man nie weiß, was der Tag bringt und es auch selbst nur bedingt beeinflussen kann (vgl. Breier, 2015, S. 63). Die Herausforderung ist, ein Gespür für den Markt zu haben, vorauszuahnen, was passieren wird und v. a. was die anderen Markt-teilnehmer erwarten, dass passieren wird. Analysen dienen meiner Meinung nach v. a. zur Absicherung der eigenen Entscheidungen, aber getroffen werden diese oft aus einem Gefühl heraus. Man kann immer Analysen finden, die Ereignis A erwarten, und welche, die das Gegenteil B erwarten. Trotzdem muss ein Händler eine Ent-scheidung treffen und seine Erfahrung und seine Intuition sind ihm dabei oft wichtige Ratgeber.

2.9 Vertrauen

Banker schätzen es, wenn ihr Entscheidungs- und Handlungsspiel-raum dabei sehr groß ist. Zeit ist in dieser Branche wahrlich Geld und wenn sie vor jeder Entscheidung die Genehmigung des Vor-gesetzten einholen müssten, so würden sie so manche Chance ver-passen und im schlimmsten Fall sogar Geld verlieren. Der Medien-wissenschaftler Norbert Bolz schreibt:

>> Personen zu vertrauen ist riskant. In der modernen Welt
   kann man sich glücklicherweise Personenvertrauen
   durch Systemvertrauen ersparen. Doch das System ist
   undurchschaubar und unkontrollierbar. Deshalb ist das
   Angebot der modernen Wirtschaft unwiderstehlich,
   Systemvertrauen durch Geldvertrauen zu ersetzen. (Bolz,
   2009, S. 52)

Banken haben Systeme etabliert, die dieses Personenvertrauen erleichtern sollen, indem man auf ein Funktionieren des Systems setzt. Darum gibt es sog. Limite, also Grenzen, innerhalb derer Banker ihre eigenen Entscheidungen treffen können. Die Überprü-fung der Einhaltung dieser Grenzen ist in einer anderen Abteilung angesiedelt. Dieser Vertrauensvorschuss, den die Bank den Mit-arbeitern gewährt, ist essenziell für die Ausübung dieses Berufes. Die Banker bemühen sich dadurch umso mehr, diesem Vertrauen gerecht zu werden, so wie überhaupt Vertrauen die Schmiere im System ist.

Vertrauen in die handelnden Personen und das Funktionieren des Systems als Grundvoraussetzung in der Bankenwelt

Handelsgeschäfte wurden vor der Krise oftmals am Telefon abge-schlossen, wobei es erst im Laufe der Zeit Usus wurde, diese Gesprä-che aufzuzeichnen. Heutzutage läuft sehr vieles auf elektronischem Wege und wird zeitgleich dokumentiert.

Banker handeln teilweise mit Millionenbeträgen und jeder Fehler und jede Fehleinschätzung kann die Bank und in weite-rer Folge auch den Banker sehr viel Geld kosten. Menschen, die sich nicht wohl dabei fühlen, Verantwortung zu übernehmen, sind deshalb zumindest für den Handel gänzlich ungeeignet.

2.10 Selbstwert

Erfolg im Beruf steigert den Selbstwert

Es gehört eine gesunde Portion Selbstvertrauen dazu, daran zu glauben, dass man meistens die richtigen Entscheidungen treffen wird, und die Grenze zum Narzissmus und zur Selbstüberschätzung ist hier sehr schmal. Doch Banker, deren Performance nicht den Erwartungen entsprach, hielten sich in diesem Job ohnehin nicht lange. Waren sie jedoch erfolgreich, steigerte sich ihr Selbstwert umso mehr. Fällt Ihnen auf, dass im Wort „Selbstwert" bereits das Wort „Wert" steckt?

Der hohe Grad an Entscheidungsfreiheit, das Vertrauen der Vorgesetzten und der anderen Marktteilnehmer ermöglichten den Bankern Selbstverwirklichung in ihrem Job. Wenn einem Spaß macht, was man tut, man sich dabei kongruent und erfüllt fühlt, trägt dies zu einem hohen Selbstwertgefühl bei. Durch die große Bedeutung, die Geld zugeschrieben wird, hielten die interviewten Banker ihren Job für sehr wichtig und wurden durch das hohe Ansehen in der Gesellschaft zusätzlich noch darin bestärkt. Ein hoher Selbstwert, den sie aus dem Job schöpften, war ein zusätzlicher Grund, warum einige Banker von ihrem Beruf so begeistert waren, in diesem sogar völlig aufgegangen sind und dadurch andere Bereiche ihres Lebens in der Priorität hintan gestellt haben.

2.11 Kehrseite

Hoher Einsatz bedeutet Dauerstress und belastet das Privatleben

Viele Banker empfanden die Performanceorientierung als Motivation und arrangierten sich auch mit den langen Arbeitszeiten. Für ein Familienleben sind diese aber belastend und die Scheidungsraten unter Bankern sind sehr hoch. Durch den permanenten Stress, auch wenn er als positiv und motivierend wahrgenommen wurde, fiel das Abschalten nach der Arbeit schwer, sodass eine gesunde Work-Life-Balance bei vielen nicht gegeben war. Besonders herausfordernd war es, wenn Banker über Nacht eine offene Handelsposition hatten und befürchteten, am nächsten Morgen könnte ein Verlust eingetreten sein. Doch diese Kehrseite gehörte zum Job und ich kann mich noch sehr gut an ein Vorstellungsgespräch erinnern, in dem mich mein späterer Chef fragte, ob ich nach der Arbeit gut abschalten könne.

❓ Arbeit und Psyche

Christina Maslach und ihr Team erforschten, was ein Job
bieten muss, damit er für die seelische Gesundheit der
Mitarbeiter positiv ist. Die Punkte sind

- die Arbeitsmenge, die weder zu niedrig noch zu hoch
  sein soll,
- die Möglichkeit der Einflussnahme auf die Arbeitsabläufe,
- Belohnung und Anerkennung,
- ein positives Arbeitsklima und gute Kollegialität,
- Transparenz und Gerechtigkeit und
- die mit der Arbeit verbundene Sinnhaftigkeit und
  Wertehaltungen (vgl. Bauer, 2013, S. 95).

Arbeit hat auch eine identitätsstiftende Funktion, die
durch die gewonnenen Kompetenzen entsteht (vgl. Bauer,
2013, S. 16). Je länger man einen Job ausübt, desto mehr
prägt dieser die eigenen Bewertungen, Überzeugungen,
Meinungen und Ethik (vgl. Antonovsky, 1997, S. 107). Darum
ist es auch wichtig, auf den Job stolz zu sein. Der Stolz beruht
auf dem Stellenwert des Unternehmens, dem Ansehen des
Jobs, der Bedeutung für die Gemeinschaft und einer als fair
erlebten Bezahlung (vgl. Antonovsky, 1997, S. 108). Auch der
Spaß an der Arbeit ist wichtig, um den Job positiv zu erleben.
Hier ist der soziale Umgang mit Kollegen und Vorgesetzten
besonders hervorzuheben. Wenn Arbeit Freude bereitet,
man sich darin wiedererkennt und Anerkennung erfährt,
geht man in der Arbeit auf und sie wird zu einer Resonanz-
erfahrung, die ein Grundmotiv menschlichen Lebens ist
(vgl. Bauer, 2013, S. 16).
„Resonanzerfahrungen sind sinnstiftend, sie bedeuten das
Erleben von Erfüllung und Glück." (Bauer, 2013, S. 16)

Ich habe Ihnen nun etwas über die Leute erzählt, die in der Bankbranche arbeiten, und Sie wissen jetzt auch über die Verstrickungen der Finanzwelt mit dem Wirtschaftsleben und der Gefühlswelt
Bescheid. Lassen Sie uns nun etwas konkreter werden und schauen
wir uns eine Zeit an, in der „alles bestens" lief.

❓ Der Finanzmarkt 2001–2008

Ende der Neunzigerjahre brach das Internetzeitalter an
und viele Start-Up-Firmen, v. a. im Silicon Valley, wuchsen
exorbitant schnell. Als 2001 die Dot-Com-Blase platzte,
hatte das verheerende Auswirkungen auf die Märkte und

die Wirtschaft. Um diese wieder anzukurbeln, senkte die US-Notenbank FED die Leitzinsen von 6,5% im Jahr 2000 auf 1,0% im Jahr 2003. Geld, das günstig zu haben war, sollte die Menschen dazu animieren, es auszugeben, was sie auch taten. Dies war der Beginn des Immobilienbooms, denn die Menschen kauften nicht nur die Häuser, in denen sie wohnten, sondern oftmals auch Häuser aus Spekulationszwecken, da die Kreditzinsen niedriger waren als der Ertrag, den sie sich durch Mieteinnahmen oder den späteren Verkauf der Häuser erhofften.

Vor der Finanzkrise herrschten rosige Zeiten

Steigende Aktienkurse, wie sie nach der Überwindung der Dot-Com-Krise zu beobachten waren, spiegeln in der Regel Hoffnung und Zuversicht der Marktteilnehmer wider. Die Leute glauben an Wachstum, an eine sich positiv entwickelnde Wirtschaft und damit verbunden auch an positive Auswirkungen auf die eigene Lebenssituation. Wenn Menschen überzeugt davon sind, dass sie ihren Job behalten werden, vielleicht sogar eine Gehaltserhöhung bekommen und sozial abgesichert sind, sind sie eher bereit, mehr Geld für einen angenehmen Lebensstil auszugeben und sich teurere Anschaffungen zu leisten. Dieses Geld fließt in die Wirtschaft und kurbelt sie an, wodurch der Wert der Unternehmen steigt, was sich im Aktienkurs niederschlägt. Befürchten Menschen allerdings, dass schwere Zeiten auf sie zukommen, legen sie ihr Geld lieber als Notgroschen auf die Seite. Darum ist für die Finanzwelt die Erwartungshaltung der Menschen ein wichtiger Indikator, wohin sich die Wirtschaft entwickeln wird. Einige der am meisten beachteten Indikatoren sind der Einkaufsmanagerindex und der Konsumentenpreisindex, die die Zukunftserwartungen der Einkäufer großer Unternehmen bzw. der Konsumenten abbilden.

❓ Die Wurzeln der Finanzkrise aus Sicht der Verhaltensökonomie

Dan Ariely ist Psychologe und auf das Gebiet der Verhaltensökonomie spezialisiert. Er hat aus diesem Blickwinkel untersucht, wie es zur Finanzkrise kommen konnte. Einer der Gründe ist, dass Menschen schlecht objektiv einschätzen können, was sie sich finanziell leisten können. Banken verlangen zwar in der Regel eine Haushaltsrechnung, um die finanzielle Tragkraft prüfen zu können, bevor sie einen Kredit genehmigen. Es fällt den zukünftigen Kreditnehmern aber oft schwer, hier richtige Angaben zu machen. Darum stellen sie nicht die Frage, was leistbar ist, sondern wieviel Geld die Bank ihnen gibt. Damit ist der Spieß umgedreht und ein

Teil der Verantwortung für das eigene Leben an die
Bank bzw. den Kundenbetreuer der Bank übergeben.
Laut Ariely führte das Verhalten, so viel Geld wie möglich
als Kreditsumme aufzunehmen, dazu, dass sich viele
Menschen finanziell übernahmen und Probleme
bekamen, als die Rahmenbedingungen sich veränderten
(vgl. Ariely, 2010, S. 371).

Doch nun genug der Theorie, lassen wir die Banker selbst zu Wort
kommen, wie sie die Zeit des Wachstums erlebten.

Alexandra, 51, Investmentbanking
Ich habe mich schon als Kind sehr für Geld interessiert, ich
fand es faszinierend. Geld ist der Blutkreislauf der Wirtschaft,
das darf man nie vergessen. Die Wirtschaft kann nur
funktionieren, wenn die Liquidität da ist. Geld spielt eine
enorm wichtige Rolle zur Aufrechterhaltung der Wirtschaft.
Nach dem BWL-Studium habe ich einen Kurs an der Börse
gemacht, um die Brokerlizenz zu bekommen, und mir dann
einen Job im Investmentbanking gesucht. Das war eine Zeit,
1988 war das, wo gerade die Börse wachgeküsst wurde und
es nicht viele Leute gab, die eine entsprechende Ausbildung
gehabt haben. Ich war immer eine der wenigen Frauen
und bin auch oft unterschätzt worden. Ich hab mich stets
gut gekleidet, weil ich gemerkt habe, wenn ich keine teure
Kleidung trage, hält man mich für die Sekretärin des Herrn
neben mir. Kleidung war also auch ein Signal, das die eigene
Rolle betont hat. Eigenmarketing und Networking waren
nicht so wichtig. Banking ist ein Feld, das für Frauen sehr gut
ist, weil man die Leistung so leicht messen kann und genau
sieht, wer hat was auf dem Kasten und wer nicht. Es ist sehr
performanceorientiert, da spielt das Geschlecht keine Rolle.
Für mich als junger Mensch war es sehr interessant, dass ich
wichtige und einflussreiche Persönlichkeiten kennenlernen
konnte, von denen ich mir viel abschauen konnte.
Andererseits habe ich auch gelernt, wie man es eigentlich
nicht machen soll. Ich habe den Markt von vielen Seiten
kennengelernt.
An meinem Job finde ich besonders spannend, dass man
eingebunden ist in die internationalen Systeme. Ich weiß
am Nachmittag schon, was morgen in der Zeitung steht,
und das gefällt mir. Obwohl ich in Wien lebe, weiß ich genau,

was irgendwo anders in der Welt los ist. Ich habe einen guten Zugang zur Information, sodass ich mir, wenn ich will, ein intensives Bild machen kann. Wenn ich irgendeine Aktie analysieren will von einer Micky-Maus-Firma in Colorado, so habe ich die Infrastruktur, das zu tun, und das finde ich super. Man bekommt so leicht das Fenster zur Welt geöffnet. Auch als junger Mensch. Man redet mit vielen Leuten auch aus dem Ausland, spricht Fremdsprachen.

Ich mag es, dass die Leute im Wertpapierbereich sehr direkt sind. Das kann manchmal sehr emotional werden. Die Kreditleute ticken völlig anders als die Wertpapierleute. Ich weiß, ich will bei den Wertpapierleuten sein, weil ich das mag: schnelle Entscheidungen, direkte Art, gerade sein, nicht lange herumtun, sondern sagen „das wiegt's, das hat's und fertig". Wenn man einmal etwas nicht richtig gemacht hat, dann gibt's ein Donnerwetter und dann passt wieder alles. Also das find ich vom Stil her sehr, sehr angenehm.

Wichtig für den Job ist auch das Wissen, dass man nicht als der Herr Obergescheit oder als Frau Obergescheit etwas vorhersagen kann, weil der Markt schlussendlich macht, was er will, und man sich auf alles einstellen können muss. Und auch wenn etwas zehn oder 15 Jahre gegolten hat, muss man akzeptieren, dass die Karten neu gemischt sind und es nicht wieder so sein wird wie in der Vergangenheit. Ich brauche nicht nachzutrauern. Man muss sich darauf einstellen, dass das jetzt anders ist.

Ich habe mich gegen viele berufliche Widerstände durchgesetzt, weil ich den langfristigen Horizont verfolge. Ich will eine Strategie entwickeln oder mitentwickeln, wo ich den Sinn erkenne und das gut finde. Wenn keiner weiß, wo der Markt hingeht, denkt sich jeder eine Strategie aus. Wichtig ist, sie aufzuschreiben, sich zu positionieren und in einem Jahr zu überprüfen. Da sieht man dann genau, ob es richtig war. Dafür muss ich wissen, wieviel Risiko ich wirklich nehmen kann. Kann ich mir das wirklich leisten, wenn es zu 50% anders kommt? Ein begrenzter Freiraum ist gut. Der Aktionsradius muss für einen Händler groß genug sein, um sich zu bewegen, aber seine Handlungs- und Entscheidungsvollmacht (sein Pouvoir) muss klar definiert sein. Er weiß, dass er keinen Millimeter davon abweichen darf, und das ist normal und sehr angenehm. Innerhalb des Pouvoirs darf man sich bewegen, aber man weiß genau, man hat ganz strenge Leitplanken und eine Limitverletzung ist ein Big Deal.

Mein Job ist wichtig, auch für die Gesellschaft. Wenn ich eine langlaufende Transaktion mit 20 oder 30 Jahren Laufzeit im Visier habe, dann weiß ich, dass diese erst fällig ist, wenn ich jenseits der 70 Jahre bin, und auch andere davon betroffen sein werden. Diese Langfristigkeit im Denken, die finde ich besonders gut. Es gibt viele Dinge, wo man einen kurzfristigen Vorteil erzeugen kann zum Preis eines langfristigen Nachteils. Ich sehe es als meine Aufgabe, dass ich den Leuten genau aufzeige, welche Auswirkungen ihre Handlungen oder Nichthandlungen haben. Da geht es auch um moralische Verantwortung, natürlich. An meinem Job ist mir wichtig, dass ich mich damit identifizieren kann, es vertreten kann, was ich tue, und darin einen Sinn und Zweck erkenne. Dass ich nicht irgendjemandem etwas verkaufen muss, nur um die Marge zu maximieren.

Es gibt ganz wenige Leute, die wirklich fachlich kompetent sind und beurteilen können, ob ich meinen Job gut mache oder nicht. Wenn man kein Profi ist in dem Fach, kann man das nicht beurteilen. Das bedeutet aber auch, dass ich nur wenig Lob bekomme, darum erwarte ich es auch gar nicht von jemand anderem. Ich sag immer, ich hab ein sehr asymmetrisches Risikoprofil. Wenn ich etwas gut mache, sagt kaum wer, das war super. Wenn aber irgendetwas schiefgehen würde, bin ich vielleicht sogar in den Schlagzeilen. Also muss ich mich wirklich bei allen meinen Handlungen fragen, ob ich sie vertreten kann, das ist wichtig. Wenn ich eine besonders gute Entscheidung getroffen habe und diese ein besonders gutes Resultat liefert, freue ich mich selber darüber, weil ich weiß, dass das gut ist. Mir genügt das, dass ich selber weiß, das war super.

Michael, 40, Kundenbetreuer
Meine Eltern waren beide Banker und so lag es nahe, dass ich schon als Schüler in den Ferien ein Praktikum in einer Bank machte. Mir gefiel die Kombination aus Kundenkontakt, also das Arbeiten mit Menschen, und dem Arbeiten mit EDV-Systemen. Außerdem war das (1995) ein sicherer Job. Ich habe sehr gemocht, dass ich mir Kompetenzen aneignen konnte, die auch von anderen geschätzt wurden, und dass ich deshalb schnell einen guten Ruf erwarb. Ich wurde gebraucht und es schmeichelt mir auch heute noch, wenn Kunden speziell nach mir verlangen.

Die Themen im Job waren teilweise sehr komplex, weil ich sowohl die Veranlagungsseite als auch die Kreditseite abdeckte. Ich musste viel in der Praxis selbstständig lernen, zusätzlich Ausbildungen machen, aber es war noch viel Spaß dabei. Wir hatten in der kleinen Filiale ein gutes Verhältnis. Es war ein sehr angenehmes, breites Arbeiten und abends bin ich entspannt heimgegangen. Mir ist bei meinem Job ein fairer Umgang zwischen Kunden, Mitarbeitern und Bank wichtig. Die Führung muss transparent und klar formulieren können, damit ich meinen Job gut machen kann. Der Umgang mit Kunden ist herausfordernd, denn jeden Tag können Erlebnisse kommen, mit denen man nicht rechnen kann und die einen prägen, weiterbringen und herausfordern. Darum ist das Gefühl für die Kunden und deren Wünsche, Kreativität, Stegreif und Charme notwendig! Gut läuft es dann, wenn ich es schaffe, die Ziele, die ich mir für den Tag gesetzt habe, zu erreichen, und die Kunden zufrieden sind, weil sie das bekommen haben, was sie brauchen. Ein Kompliment von einem Kunden und seine Dankbarkeit sind ein besonders schönes Lob für meinen Einsatz.

Emil, 43, Devisenhändler

Ich wurde 1994 Banker, weil ich keine Freude mehr am Studium hatte und ich das Gefühl hatte, in einer Bank zu arbeiten entspricht am ehesten meinen Begabungen. Ich wollte unbedingt gutes Geld verdienen und nicht mehr ein „armes Studentendasein fristen". Außerdem galt der Beruf des Bankangestellten als sicher, gut entlohnt, gut bürgerlich und damals noch als angesehen.

Ab 1997 im Devisenhandel wurde das Gefühl über meinen Beruf noch positiver. Alleine durch die „Wallstreet-Atmosphäre" im großen Handelsraum mit seinen hunderten Informationsschirmen fühlte ich mich am Nabel der Welt. Sehr guter persönlicher Erfolg, der auch dementsprechend entlohnt wurde, ließ das Selbstbewusstsein und die Identifikation mit meinem Händlerberuf auf 100% anwachsen. Ich war regelrecht glücklich, diesen Beruf machen zu dürfen. Was für mich am Job wichtig ist, hat sich über die Jahre verändert. Früher war mir die Anerkennung durch Kollegen und Freunde wichtig. Auch der Erfolg stand ganz oben, weil Erfolg auch das eigene Gehalt positiv beeinflusst. Als

Händler wird man nach Zahlen gemessen. Je besser die Zahl, desto höher die Anerkennung der Chefs, desto höher der eigene Bonus, desto sicherer der Job. Außerdem kommt ein erhebendes Gefühl dazu, als hätte man einen Sieg errungen. Das Gefühl kann man gleichsetzen mit dem eines Sportlers nach einem Sieg. Wenn es im Job gut läuft, dann beeinflusst das mein ganzes Leben positiv.

Seit ich Familie habe, ist mir Jobsicherheit am wichtigsten. Und auch hier ist der Erfolg am wichtigsten – je erfolgreicher man ist, desto eher hat man seinen Job sicher. Über die Jahre kam noch die Lebensqualität im Job dazu. Gutes Klima im Team, keine Grabenkämpfe und die Sicherheit, dass mein Bereich auch mein Bereich ist, ohne dass mir jemand davon etwas abgräbt.

Paul, 45, Sales
Ich wurde Banker, weil ich einen sicheren, gesellschaftlich angesehenen Job mit Karrieremöglichkeiten gesucht habe. Ich war stolz, aufgenommen worden zu sein, und habe mich zur Elite zugehörig gefühlt. Mein Motto von damals: Nun ist alles möglich, Tür und Tor stehen offen – 120% Einsatz und ständig Neues lernen. Das Schönste am Job ist die Anerkennung und Wertschätzung durch Kunden, Kollegen und Vorgesetzte. Wenn ein Geschäftsabschluss gelingt, der nicht einfach war, erfüllt mich das mit großer Genugtuung und Freude. Ich komme dann in einen Flow-Zustand, ich vergesse Zeit und Raum, tauche tief in die Arbeitswelt ein, bin fokussiert und motiviert, skrupellos beim Abschluss. Ich denke nur ans Geschäft.

Martin, 42, Private Banking
Als Jugendlicher habe ich mich schon für Wertpapiere interessiert und so war es klar, dass ich einmal Banker werde. In der Schule hatte ich schlechte Noten, aber die Möglichkeit einer Bankausbildung habe ich gerne ergriffen, auch weil ich damit Geld verdienen konnte. Da hat mir das Lernen dann auch Spaß gemacht und ist mir leicht gefallen. Die Umgangsformen in der Bank, die angenehme Arbeitsatmosphäre und der stetig laufende Markt haben mir im Job besonders gefallen.

Die Jobanforderungen an Banker sind: Sie müssen belastbar, geistig flexibel, selbstbewusst und verantwortungsvoll sein sowie intuitiv und schnell agieren

Wir wissen nun, wie Banker ihre Berufswahl getroffen haben, was sie an ihrem Job lieben und was sie motiviert. Ich fasse die Anforderungen an einen Banker vor der Krise 2008 nochmals kurz zusammen: Er muss stressresistent sein, belastbar, gerne Verantwortung tragen, sensibel für die Entwicklungen des Marktes und die eigene Intuition, Risiken erkennen und abwägen können, schnell Entscheidungen treffen können, selbstbewusst sein und ein gewisses Maß an Kreativität und flexiblem Denken mitbringen.

Philipp, 39, Treasury
Ich kam eigentlich nur durch Zufall in den Finanzbereich. Für mich war klar, dass ich nach der Schule einen Job gebraucht habe, und die Chance, im Treasury zu arbeiten, hat sich ergeben. Ich habe mir gedacht, okay, ich schau mir das einmal an, ohne zu wissen, was wirklich genau dahintersteckt. Der Begriff „Börse" hat mir natürlich gefallen und war interessant, aber ich habe das nur aus dem Fernsehen gekannt. Ich habe den Job von der Pike auf lernen müssen. Das Angenehme bei meinem Job ist, dass jeder Tag anders sein kann. Ich möchte keine Position, wo ich jeden Tag denselben Antrag bearbeite, das ist nicht meins. Es kann immer was passieren und die Abwechslung, die schätze ich schon sehr.
In der Zeit vor der Finanzkrise musste keiner um den Job raufen, denn war es nicht die eine Bank, wo man einen Job gefunden hat, war es vielleicht die andere Bank. Früher konnte man auch Mitarbeiter mitschleppen, wenn sie weniger performt haben. Das war sehr sozial, heute geht das nicht mehr.
Die Gehälter waren damals auch noch anders. Wenn jetzt jemand neu in die Bank kommt, bei gleichem Job und gleicher Qualifikation, würde er nicht dasselbe Einstiegsgehalt bekommen wie vor der Krise. Auch bei einem Jobwechsel bekommt man selten mehr, eher sogar weniger als im aktuellen Job, einfach weil die Anzahl der qualifizierten Bewerber bei Weitem die Zahl der Stellen übersteigt.

Zusammenfassung Phase 1 „Alles bestens – Die Zeit vor der Krise"
- Der Finanzsektor verfügt über eine lange Tradition. Banker waren jedoch nicht immer hoch angesehen.
- Die Verstrickungen der „rationalen" Finanzwelt mit der Psychologie sind sehr eng, werden aber von kognitiv geleiteten Menschen gerne geleugnet.

- Menschen sind intrinsisch und extrinsisch motivierbar. Motivation wirkt über das Belohnungszentrum im Gehirn und beeinflusst so unsere Handlungen.
- Banker finden ihren Job spannend und interessant. Sie beschreiben das Arbeitsumfeld als motivierend, wozu das Teamklima und Spaß an der und in der Arbeit einen großen Beitrag leisten. Finanzielle Belohnung spielt ebenso eine Rolle wie das emotionale Glücksempfinden bei guten Leistungen. Banker tragen gerne Verantwortung und handeln proaktiv. Das Vertrauen der Vorgesetzten ermöglicht die Freiheit im Handeln und Entscheiden und gestattet ihnen dadurch Selbstverwirklichung.
- Arbeit ist wichtig für die seelische Gesundheit. Sie beeinflusst die Identität, den Selbstwert und das Glücksempfinden.

Was für mich wichtig ist:

_____
_____
_____
_____
_____

Literatur

Antonovsky, A. (1997). *Salutogenese. Zur Entmystifizierung der Gesundheit*. Tübingen: Dgvt.

Ariely, D. (2010). *Denken hilft zwar, nützt aber nichts. Warum wir immer wieder unvernünftige Entscheidungen treffen*. München: Knaur.

Bauer, J. (2011). *Schmerzgrenze. Vom Ursprung alltäglicher und globaler Gewalt*. München: Heyne.

Bauer, J. (2013). *Arbeit. Warum unser Glück von ihr abhängt und wie sie uns krank macht*. München: Karl-Blessing.

Binswanger, H.C. (2009). Geld und Magie. Eine ökonomische Deutung von Goethes Faust. In K.P. Liessmann (Hrsg.), *Geld. Was die Welt im Innersten zusammenhält?* Philosophicum Lech. Wien: Paul Zsolnay, S. 20–40.

Breier, S. (2015). *Im Epizentrum der Finanzkrise – Bewältigungsstrategien österreichischer BankerInnen*. Masterarbeit. Wien: Sigmund Freud Privat Universität.

Bolz, N. (2009). Wo Geld fließt, fließt kein Blut. In K.P. Liessmann (Hrsg.), *Geld. Was die Welt im Innersten zusammenhält?* Philosophicum Lech. Wien: Paul Zsolnay, S. 41–63.

Deutschmann, C. (2009). Geld – die verheimlichte Religion unserer Gesellschaft? In K.P. Liessmann (Hrsg.), *Geld. Was die Welt im Innersten zusammenhält?* Philosophicum Lech. Wien: Paul Zsolnay, S. 239–263.

Focke, I., Kayser, M., Scheferling, U. (Hrsg.) (2013). *Die phantastische Macht des Geldes. Ökonomie und psychoanalytisches Handeln*. Stuttgart: Klett-Cotta.

Goethe, J.W. (2000). *Faust – Der Tragödie Erster Teil*. Stuttgart: Reclam.

Haller, R. (2013). *Die Narzissmusfalle. Anleitung zur Menschen- und Selbsterkenntnis*. Salzburg: Ecowin.

Kennedy, M. (2009). *Geld regiert die Welt! – Doch wer regiert das Geld?* In K.P. Liessmann (Hrsg.), *Geld. Was die Welt im Innersten zusammenhält?* Philosophicum Lech. Wien: Paul Zsolnay, S. 148–167.

NZZ (04.07.2014). *Aufschlussreiche Experimente. Von (un)ehrlichen Bankiers und pragmatischen Frauen.* http://www.nzz.ch/wirtschaft/von-unehrlichen-bankiers-und-pragmatischen-frauen-1.18336428. Zugegriffen: 02.06.2016

Pflichthofer D. (2013). Was ist Ihre Analyse wert? Einige Gedanken über Unkalkulierbares. In I. Focke, M. Kayser, U. Scheferling (Hrsg.), *Die phantastische Macht des Geldes. Ökonomie und psychoanalytisches Handeln.* Stuttgart: Klett-Cotta, S. 197–212.

Roth, G. (2001). *Fühlen, Denken, Handeln. Wie das Gehirn unser Verhalten steuert.* Frankfurt: Suhrkamp.

Seligman, M. (2001). *Pessimisten küsst man nicht.* München: Knaur.

Tuckett, D. (2013) Geld verstehen- Understanding money. In I. Focke, M. Kayser, U. Scheferling (Hrsg.), *Die phantastische Macht des Geldes. Ökonomie und psychoanalytisches Handeln.* Stuttgart: Klett-Cotta, S. 144–158.

Wellendorf, F. (2013) „Pecunia non olet" – Macht und Gleich-Gültigkeit des Geldes in der Psychoanalyse. In I. Focke, M. Kayser, U. Scheferling (Hrsg.), *Die phantastische Macht des Geldes. Ökonomie und psychoanalytisches Handeln.* Stuttgart: Klett-Cotta, S. 27–44.

Will, H. (2013). Die Kühe melken: Über private Ideologien von Finanzkrise-Akteuren. In I. Focke, M. Kayser, U. Scheferling (Hrsg.), *Die phantastische Macht des Geldes. Ökonomie und psychoanalytisches Handeln.* Stuttgart: Klett-Cotta, S. 159–176.

Zeyringer, J. (2015). *Wie Geld wirkt. Faszination Geld – wie es uns motiviert und antreibt.* Göttingen: Business Verlag.

Phase 2 „Krise!"

Die Krise ist da

Silvia Breier

© Springer-Verlag Berlin Heidelberg 2017
S. Breier, *Die Krisen-Strategien der Banker*,
DOI 10.1007/978-3-662-53377-2_3

Dieses Kapitel setzt sich mit dem unangenehmen Beginn einer Krise auseinander, die oft aus dem Nichts kommt und gerade deshalb das Potenzial in sich trägt, unsere Welt zu erschüttern. So wie es 2008 die Lehman-Pleite getan hat.

Die Definition von Krise steht zu Beginn des Kapitels. Danach werden die verschiedenen Krisenformen und typischen Krisenabläufe beschrieben. Ob es jedoch überhaupt zu einem Erleben als Krise kommt, hängt von der persönlichen Krisenanfälligkeit ab. Auch die Frage, ob einem die Ressourcen zur Verfügung stehen, ein Problem zu überwinden, spielt hierbei eine Rolle.

Die vorherrschenden Gefühle und auch Reaktionen auf die Krise sind sehr vielfältig und verändern sich beim Durchlaufen des Krisenzyklus. Während einer Krise kommt der Symbolik und den Worten eine besondere Bedeutung zu. Durch sie können Hoffnung und Mut genauso vermittelt werden wie Aussichtslosigkeit, was zu einer weiteren Verschlechterung führen kann.

Banker schildern, wie es ihnen in dieser Phase gegangen ist und was sie als hilfreich erlebt haben.

Zur Ersten Hilfe in Krisen eignet sich ein Modell aus der Krisenintervention, das jeder Laie wie einen seelischen Erste-Hilfe-Koffer anwenden kann.

Es gibt im Leben Zeiten, die so schön sind, dass man hofft, dass es ewig so weitergeht. Unsere Erfahrung sagt uns aber, dass das nicht realistisch ist, darum ist es klug, diese emotionalen Hochphasen zu genießen, solange sie dauern, denn das Leben kann uns auch anders mitspielen.

Krisen passieren plötzlich und verändern unser Leben nachhaltig

Sie kennen es sicher aus Ihrem eigenen Erfahrungsschatz, wie es ist, wenn Sie eine Nachricht erhalten, von der Sie augenblicklich wissen, dass sie Ihr Leben nachhaltig massiv verändern wird. In vielen Fällen ist dies die Nachricht vom Tod oder Unfall eines geliebten Menschen. Ja sogar wenn es einen uns persönlich unbekannten Prominenten trifft, hat das das Potenzial, sich tief in unser Gehirn und Gefühlsleben einzuprägen, sodass erstaunlich viele Leute heute noch wissen, wo sie waren, als sie von Lady Di's Tod hörten.

> **Krise**
>
> Das Wort „Krise" stammt vom griechischen „krisis" ab und bezeichnet einen Wendepunkt, eine Entscheidungssituation. Der Duden definiert Krise als „schwierige Lage, Situation, Zeit [die den Höhe- und Wendepunkt einer gefährlichen Entwicklung darstellt]; Schwierigkeit, kritische Situation; Zeit der Gefährdung, des Gefährdetseins" (vgl. Duden, 2015). Es steckt darin also auch die Chance, dass sich jetzt alles zum Besseren wendet.

Wie ich weiter vorne schon geschrieben habe, gibt es viele Arten von Krisen und ihre genaue Bezeichnung gibt ihren primären Wirkungskreis an. So betrifft die Finanzkrise in erster Linie den Finanzsektor, hat aber in weiterer Folge auch Auswirkungen auf andere Bereiche, u. a. auf die Psyche der davon Betroffenen.

Das seelische Gleichgewicht gerät ins Wanken

> **Psychosoziale Krise**
>
> Der Begriff „Psychosoziale Krise" lässt sich folgendermaßen definieren: „Verlust des seelischen Gleichgewichts, den ein Mensch verspürt, wenn er mit Ereignissen und Lebensumständen konfrontiert wird, die er im Augenblick nicht bewältigen kann, weil sie von der Art und vom Ausmaß her seine durch frühere Erfahrungen erworbenen Fähigkeiten und erprobten Hilfsmittel zu Erreichung wichtiger Lebensziele oder zur Bewältigung seiner Lebenssituation überfordern."
> (Sonneck, Kapusta, Tomandl & Voracek, 2012, S. 15)
> Dabei wird unterschieden zwischen einer traumatischen Krise und einer Veränderungskrise, die sich im Krisenanlass und Krisenverlauf unterscheiden, doch dazu später mehr.

3.1   Angst und Vertrauensverlust

Für viele Banker war der Ausbruch der Finanzkrise 2008 sehr prägnant. Eines der bezeichnendsten Merkmale der Finanzkrise war, dass das Vertrauen erschüttert worden ist. Das Vertrauen in den Handelspartner, in Banken, in das Finanzsystem an sich, aber auch das Vertrauen der Menschen in sich selbst, mit dieser Situation zurechtzukommen. Der Ökonom und Medizinsoziologe David Tuckett schreibt:

> » Gefühle und Urteile (Vermutungen über die Zukunft) sind in jedem Schritt der Entscheidungsfindung beteiligt. Kursveränderung wird tendenziell zum Signal, dass „etwas Unsicheres passiert", was Misstrauen schürt und den Verdacht, dass andere vielleicht mehr wissen. (Tuckett, 2013, S. 149)

Unsicherheit führt zu Misstrauen, wenn sich die Dinge negativ entwickeln (vgl. Tuckett, 2013, S. 149), was zu Beginn der Finanzkrise dazu geführt hat, dass Banken sich untereinander kein Geld mehr geborgt haben und die Menschen aus Angst um ihr Erspartes ihre Sparbücher geplündert haben, um das Geld zu Hause aufzubewahren, was in weiterer Folge zur Liquiditätskrise geführt hat. Die Menschen misstrauten den Banken so sehr, dass sie das Geld

Die Finanzkrise erschütterte das Vertrauen und große Unsicherheit verschärfte die Situation noch mehr

lieber zu Hause in Sichtweite hatten und „nur" Einbrecher und die Zerstörung ihrer Heime beispielsweise durch einen Brand fürchten mussten. Aber diese Bedrohungen erwecken den Anschein, dass sie leichter zu kontrollieren sind. Wenn man anderen nicht mehr vertraut, ist man auf sich alleine gestellt und muss sich selbst vertrauen, die richtigen Maßnahmen zu ergreifen. Man muss daran glauben, dass man das kann.

Der Psychologe Werner Pohlmann (vgl. Pohlmann, 2013, S. 73) ist der Meinung, dass wir es psychologisch betrachtet nicht mit einer Finanzkrise, sondern mit einer Glaubenskrise zu tun haben. Seiner Meinung nach dienten die Finanzspekulationen dazu, uns glauben zu machen, dass wir wie Gott alles erreichen können, wobei wir bewusst ausblenden, dass den Schulden keine Realwerte gegenüberstehen. Ungewissheit und Angst, nicht zu wissen, wie die Schulden abgedeckt werden können (da ihnen keine Realwerte gegenüberstehen), führt dazu, dass immer mehr Geld angehäuft wird und wir die Tilgung in die Zukunft verschieben.

Die Finanzkrise war v. a. eine Glaubenskrise

» Diesen Glauben wollen wir um keinen Preis aufgeben und planen daher immer neue Rettungsschirme, statt einzusehen, dass wir uns verspekuliert haben. Die Finanzkrise ist eben in diesem Sinne auch eine Seelenkrise. (Pohlmann, 2013, S. 73)

Angst und Hilflosigkeit führen zu Panik

Angst kann also der Auslöser einer Krise sein, weil man die Anzeichen von Problemen möglicherweise nicht wahrnehmen wollte und mehr oder weniger bewusst verdrängt hat. Sie ist aber auch eine Folge der Krise. Etwas, das uns überfordert und von dem nicht klar ist, welche Auswirkungen es hat und wie es weitergeht, ist beängstigend. Die Finanzkrise „erzeugt Angst und Hilflosigkeit, und es droht ein panikartiger Verlust des Vertrauens in die Möglichkeiten der Krisenbewältigung, in die Macht der Politik und das Ethos der Verantwortlichen. Der Einzelne steht ohnmächtig vor einer wie entfesselt wirkenden Finanzwirtschaft, die nach der Deregulierung ohne Rücksicht auf Verluste ihren eigenen undurchsichtigen Regeln zu folgen scheint" (Focke, Scheferling & Kayser, 2013, S. 10).

3.2   Symbolik und Worte

Die Macht der Worte und Symbolik ist nie so stark wie in Krisenzeiten

In so einer von Angst und Unsicherheit gezeichneten Situation kommen der Symbolik und den Worten eine besondere Bedeutung zu. Sie können sich wahrscheinlich zurückerinnern an Momente in Ihrer Kindheit, in denen Sie Angst hatten. Viele Kinder haben beispielsweise Angst, dass sich abends ein Monster unter ihrem Bett verstecken könne. Hier liegt es an den Eltern, den Kindern die

Angst zu nehmen, indem sie „mutig" vorangehen und unter das Bett schauen, um gegebenenfalls das Monster zu vertreiben. Auch wenn sie wissen, dass es sich hier um eine Bedrohung handelt, die nur der Fantasie der Kinder entspringt. Doch es gibt auch reale Situationen, die Kinder verunsichern können, beispielsweise wenn Kinder mit den Eltern unterwegs sind und neue Bekanntschaften machen. Kinder reagieren oft schüchtern und Eltern tun gut daran, sie dafür nicht zu schelten, sondern ihre Ängste vor dem Unbekannten anzuerkennen und darauf einzugehen, indem sie selbst als gutes Beispiel vorangehen. Durch ihr Verhalten signalisieren sie dem Kind, dass alles in Ordnung ist und es keine Angst vor der Person zu haben braucht. Manchmal dauert es einige Zeit, bis das Kind davon überzeugt ist, aber das Vertrauen in die Kompetenz der Eltern zum Meistern dieser Situation und darauf, dass sie das Kind beschützen, gibt dem Kind in der Regel Zuversicht und nimmt ihm die Angst.

Übertragen auf die Finanzkrise ist es die Politik, die die Rolle der Eltern übernimmt. Erkennen lässt sich das auch daran, dass die deutsche Kanzlerin Merkel immer wieder als „Mutter der Nation" bezeichnet wird. Der Sozialphilosoph Oskar Negt betont, dass die Politik in die Nähe von Mystifizierungen und Magie gerückt wird.

» Ein falsches Wort, öffentlich ausgesprochen, kann ganze Volkswirtschaften an den Rand des Ruins treiben. Es ist wie in den Märchen, in denen die richtigen Worte, die rätselhaften Formeln entscheiden, ob es für die Menschen einen guten Ausgang oder ein katastrophisches Ende gibt. (Negt, 2013, S. 111)

Ich kann mich noch erinnern, als Alan Greenspan Vorsitzender der US-Notenbank FED war (1987–2006) und wir bei jeder Pressekonferenz an seinen Lippen hingen. Je nachdem, welche Worte er wählte oder auch eben gerade nicht sagte, versuchten die Händler daraus die Bedeutung für die Finanzmärkte abzuschätzen. Ein einziges Wort konnte entscheidende Auswirkungen haben.

? Der Beginn der Finanzkrise 2008
Als die US-Leitzinsen von 1,25% im Jahre 2003 bis auf 5,25% im Jahre 2006 angehoben wurden, konnten immer mehr Kreditnehmer die Zinslast nicht mehr stemmen und ihre Kredite nicht mehr bedienen. In weiterer Folge kamen auch die kreditgebenden Banken in Nöte. Hinzu kam, dass findige Banker die Kreditportfolien von manchen Banken in neue Finanzmarktprodukte eingebracht hatten, welche dann teilweise filetiert und weiterverkauft oder als Grundlage für komplexer strukturierte Produkte wie Optionen

genutzt wurden. Als die Hypothekenkrise, auch genannt Subprime-Krise, in den USA 2007 ausbrach, zeigte sich die Fragilität des Finanzsystems. Banken trauten einander nicht mehr und befürchteten, geliehenes Geld von den anderen Banken nicht mehr zurückzubekommen, falls diese plötzlich zahlungsunfähig werden würden. Dies führte dazu, dass Banken sich gegenseitig kein Geld mehr liehen und eine Liquiditätsknappheit eintrat, die auch prominente Opfer forderte. Im März 2008 musste das Traditionshaus Bear Stearns durch ein fast 30 Mrd. US-Dollar hohes Darlehen der FED (US-Notenbank) gerettet werden, es wurde später an JP Morgan zwangsverkauft (vgl. Forbes, 2013).

Am 15. September 2008 meldete Lehman Brothers Insolvenz an. Die Regierung sprang nicht wie erwartet als Retter in der Not ein, sondern wollte ein Exempel statuieren. Die anderen Banken sollten nicht darauf vertrauen „too big to fail" zu sein (vgl. DerStandard.at, 2008). Der Interbankenhandel, also der direkte Handel zwischen Banken, brach daraufhin zusammen, aus der Vertrauenskrise wurde eine Liquiditätskrise.

Die Pleite von Lehman Brothers war selbst für Finanzprofis ein Schock

Im Jahre 2008 mehrten sich zwar die Anzeichen, dass sich die Phase des Sonnenscheins an den Märkten dem Ende zuneigte, doch so richtig bewusst wurde es den meisten Leuten erst, als Lehman Brothers nicht wie erwartet gerettet wurde, sondern stattdessen in Insolvenz ging. Dieses Ereignis wird rückblickend betrachtet von vielen als der Ausbruch der Finanzkrise bezeichnet. Für den Markt und die Banker kam es einem Schock gleich, so wie er für eine traumatische Krise typisch ist.

3.3   Traumatische Krise

> **Traumatische Krise**
>
> Bei den psychosozialen Krisen wird zwischen traumatischen, also plötzlich auftretenden Krisen und Veränderungskrisen unterschieden. Bei traumatischen Krisen gibt es einen plötzlichen, unerwarteten Krisenanlass, der als negativ erlebt wird.

Jörg Asmussen arbeitete zu jener Zeit im deutschen Finanzministerium und sagte in einem Interview: „Wir nehmen den 15. September heute als einen Big Bang wahr. […] Aber das war nicht so. Die Schockstarre des Finanzsystems kam graduell. […] Es hat zwei

Wochen gedauert, bis die Schockstarre sich durchs System gefressen hatte" (FAZ, 2013).

Bei der traumatischen Krise tritt der Krisenanlass plötzlich und überraschend auf. In dem Moment, in dem Ihnen klar wird, dass ab jetzt nichts mehr so sein wird wie vorher, herrscht in Ihrem Gehirn Ausnahmezustand. Man spricht dann davon, dass Sie unter Schock stehen. Ihre Welt, wie Sie sie kennen, und damit verbunden die Existenz Ihrer Identität, ist bedroht. Sie fühlen sich von den Ereignissen überfordert, Panik macht sich breit und der Kopf ist entweder wie leer oder voller einander widersprechender, teils absurder Gedanken. Alle Ihnen bewussten Reaktionen und Verhaltensweisen scheinen nicht zu funktionieren und Sie fühlen Ihre eigene Hilflosigkeit. Nun schaltet sich das Reptiliengehirn ein, übernimmt die Herrschaft und aktiviert uralte Überlebensmuster: Kampf, Flucht oder Totstellen. Je nachdem, welche Strategie für das Reptiliengehirn am zielführendsten scheint, verhalten Sie sich im Zustand des Schocks. Damit einher geht eine massive Ausschüttung von Hormonen wie Adrenalin, das Sie schlagartig wach und fluchtbereit macht. Es kann aber auch passieren, dass Sie sich wie betäubt fühlen, wodurch Sie auch keine Schmerzen verspüren. Das Nicht-wahrhaben-Wollen der Situation entspricht der Flucht vor der Tragweite des Ereignisses. Die Veränderung ist zu plötzlich, schmerzhaft und schlimm, als dass sie sein "darf".

> Im Schockzustand übernehmen uralte Überlebensmuster das Kommando

Alexandra, 51, Investmentbanking
Ein bisschen geköchelt hat es schon 2007. Ich kann mich erinnern, ich war im Sommer 2007 in Amerika, als gerade die Börsen eingegangen sind und es die ersten Fälle gegeben hat, wo immobilienlastige ABS [Asset Backed Securities, d. h. forderungsverbriefte Wertpapiere] insolvent geworden sind, weil sie am Markt keine Liquidität bekommen haben. Also, man hat es schon gemerkt, am Ende vom Sommer 2007, dass sich da etwas zusammenbraut. Im März 2008 war der Fall Bear Stearns und dann im September der Fall Lehman als der letzte Auslöser dafür, dass dann alles so eskaliert ist.
Lehman war eine Nagelprobe. Ich habe registriert, dass die Situation kritisch ist. Es war eine Stresssituation, aber wenn besonders schwierige Situationen sind, laufe ich zur Höchstform auf. Wenn ich weiß, da geht´s jetzt um alles, dann hab ich die Stärke, dass ich wirklich ganz cool bleibe, und habe zusammengefasst: Das und das muss gemacht

werden. Ich erkenne, was zeitkritisch ist und priorisiert gehört. Ich bin also ganz cool geblieben und habe gesagt, was Sache ist und was wir tun müssen und dass wir es schnell tun müssen. Mein Vorgesetzter hat gesagt: „Ja, wir vertrauen Ihnen, machen Sie!". Und dann habe ich eben alles gemacht. Ich habe gewusst, es wird keinen Markt mehr geben, man muss schnell sein. Damit habe ich mich unbewusst enorm profiliert und jeder hat gesehen, dass ich mich auskenne. In der Krise sieht man, glaube ich, sehr gut, wer etwas kann. Und auch die social skills verschiedener Teammitglieder sieht man gut. Ich hatte die Nerven, alles Nötige schnell durchziehen zu können. Das war definitiv eine meiner beeindruckendsten beruflichen Situationen, die Woche mit Lehman, ja, und sehr spannend.

Michael, 40, Kundenbetreuer
Als 2008 Lehman fallengelassen wurde, wurde zeitgleich gerade unsere Abteilung umstrukturiert, wodurch sich viele Kollegen beruflich veränderten. Mein gewohntes Umfeld war also in Aufruhr und konnte mir in dieser Situation keinen Rückhalt bieten. Die Kunden waren sehr aufgeschreckt, hatten Angst um ihr Geld und saßen teilweise mit Tränen in den Augen vor mir. Das war emotional sehr herausfordernd für mich.
Für mich war bald klar, dass das eine ähnliche Krise wie 1929 ist, und alles, was ich darüber gelesen habe, hat mich in der Annahme bestärkt. Die Medien haben uns damals enorm zugesetzt und viel Unsicherheit erzeugt.
Am schlimmsten war die Zeit im Oktober und November 2008. Die Inflation war am höchsten, aber keiner wollte ein Sparbuch auf 3 Jahre mit 4,5% Verzinsung, sondern lieber eines auf 9 Monate mit 5%. Die Angst, dass das Finanzsystem oder zumindest unsere Bank crashen würde, ließ niemanden an eine langfristige Strategie denken. Das ging dann bis zum Frühsommer 2009 so weiter, obwohl mit März die Trendwende einsetzte. Hilfreich war v. a. das einsetzende Desinteresse an dem Thema. Die Zeit war schon schlimm, aber es wurde zusätzlich noch überzeichnet.

Paul, 45, Sales

Als mir klar wurde, das ist jetzt etwas Größeres, habe ich
sofort an mich und mögliche Auswirkungen auf meine
Familie gedacht. Ich habe meine Finanzen analysiert
und mir Sorgen wegen eines möglichen Verlustes des
Angesparten (Buchgeldes) gemacht. Ich habe überlegt, Gold
zu kaufen oder zumindest Barreserven anzuschaffen. Ich
war verunsichert und habe viel mit Kollegen gesprochen –
Austausch war beruhigend, weil ich mich nicht alleine gefühlt
habe. In der Familie habe ich beschwichtigt, um keine Panik
auszulösen.

Martin, 42, Private Banking

Im Laufe meiner Berufslaufbahn habe ich schon
mehrere Krisen durchgemacht. Ich habe 1988 in der Bank
begonnen und die Asienkrise, die Anschläge 2001, politische
Umwälzungen, sei es in Osteuropa oder der Arabische
Frühling, die Währungsumstellung und letztendlich auch
die Finanzkrise miterlebt. Wobei ich das jetzt nicht alles
als Krisen sehe, sondern als Ereignisse. Krise ist ein sehr
negativ besetztes Wort. Die erste Krise, die ich so richtig
mitbekommen habe, waren natürlich die Anschläge 2001
in den USA. Das hat mich sehr betroffen gemacht, nicht nur
marktmäßig, sondern auch persönlich.
Die Finanzkrise ist mir durch die ersten Konkurse großer
Investmenthäuser so richtig bewusst geworden, die zuvor
starke Handelspartner österreichischer und europäischer
Banken waren, im Konkreten Lehman. Zuerst war ich
geschockt, weil man sich so etwas bis dato nicht vorstellen
konnte, dass ein Investmenthaus mit der Größe und dem
Rating so schnell in Konkurs geht. Ich war zu der Zeit nicht
mehr aktiv im Handel, aber davor sehr wohl, und Lehman war
ein Handelspartner von mir. Als Lehman pleite ging, habe ich
sofort an meine Kollegen gedacht, die mir nachgefolgt sind,
und habe gehofft, dass die ihren Job gut gemacht haben und
dass die Bank und sie jetzt nicht zu stark betroffen sind. Das
war der erste Gedanke. Der zweite war an meine ehemaligen
Ansprechpartner bei Lehman, wie es denen wohl geht.

> **Philipp, 39, Treasury**
> Die Finanzkrise hat sich erst so richtig manifestiert, als man so eine große Bank wie Lehman fallen hat lassen. Mit dem hat eigentlich keiner gerechnet. Es war zwar vorher eine Krise da, aber erst dann hat man gesehen, dass die jetzt einen Schritt setzen, aus welchen Gründen auch immer, und dieses „too big to fail" einfach nicht hundertprozentig gegeben ist. Das war ein deutlicher Schuss vor den Bug für alle anderen Banken. Mein erster Gedanke war, nachdem ich ja für die Liquidität meiner Bank zuständig war, was das für Auswirkungen auf uns hat. Es war ja eigentlich eine Vertrauenskrise. Weil selbst die Banken in Österreich, die untereinander bekannt und gut vernetzt sind, haben sich nicht mehr vertraut und du hast kein Geld von anderen Banken gekriegt. Hier liquide zu bleiben, war eine Herausforderung.

3.4   Krisenanfälligkeit

Die Bedeutung der Auswirkungen auf das eigene Leben entscheidet, ob eine Krise als solche empfunden wird

Ob ein Ereignis als wichtig genug empfunden wird, dass es für einen Krisenanlass taugt, hängt u. a. von der Bedeutung ab, die man ihm zuschreibt, also von den erwarteten Konsequenzen. Das sprichwörtliche Rad, das in China umfällt, interessiert Sie wahrscheinlich erst dann, wenn Sie danebenstehen und es auf Ihre gerade gekaufte Ming-Vase zu fallen droht. Es spielt genauso eine Rolle, ob Sie die Möglichkeit haben, das Rad noch aufzufangen, bevor die Vase zu Bruch geht. Die Möglichkeit, auf die Situation Einfluss zu nehmen, ist also ebenso wichtig bei der Einstufung des Krisenpotenzials eines Ereignisses. Wenn Sie wissen, was Sie im schlimmsten Fall als Nächstes zu tun haben, wie etwa die Versicherung zu informieren und die Scherben aufzusammeln, damit ein Restaurator sie wieder zusammenkleben kann, erleben Sie die Situation trotz allem Ärger wahrscheinlich als nicht so schlimm.

Nicht jeder Banker sah den Niedergang von Lehman Brothers als Krisenfall an. Auch hier spielte es eine Rolle, wie die Zukunftserwartungen waren, wie oft die Banker schon ähnliche Situationen erlebt hatten und wussten, wie sie damit umgehen sollten. Wichtig war auch, dass sie mehrere Handlungsoptionen hatten. Nicht zuletzt ist Unwissenheit hinsichtlich der Folgen manchmal ganz gut, denn „zu Tode gefürchtet ist auch gestorben". Doch einer der wichtigsten Aspekte ist der soziale Rückhalt, den ein Mensch hat. Wenn Familie, Freunde oder auch Arbeitskollegen da sind, die Halt geben, wird eine Krise leichter bewältigt oder gar nicht als solche erlebt.

» Die individuelle Krisenanfälligkeit ist abhängig von dieser
inneren Bedeutung des Krisenanlasses und der Fähigkeit,
sich damit auseinanderzusetzen, sowie von dem Maß
der sozialen Integration früherer Lernerfahrungen.
(Sonneck et al., 2012, S. 18)

Vorerfahrungen, Erwartungen und Handlungsoptionen als wichtige Ressourcen

---

Emil, 43, Devisenhändler
Marktkrisen habe ich nie als bedrückend empfunden – also
wurde eine Marktkrise nie zu meiner persönlichen Krise. Im
Gegenteil. Marktkrisen fand ich spannend und intensiv, weil
es dadurch noch mehr Möglichkeiten gab, daraus etwas zu
machen. Wahrscheinlich ging es mir deshalb nicht so nahe,
weil ich das Glück hatte, in einer Bank zu arbeiten, die durch
diverse Krisen keinen Schaden genommen hat, und mein
Arbeitsplatz nie in Gefahr war.
Der 11. September fühlte sich anders an als andere Krisen, die
ich miterlebt habe. Da saß ich weinend vorm Bildschirm und
habe live mitverfolgt, wie die Flugzeuge ins WTC krachten.
Den 11. September empfinde ich nicht als Marktkrise, sondern
als Weltkrise.

3.5 Reaktion

Meine Forschungsarbeit zeigte, dass viele Banker von der Lehman-
Pleite überrascht und geschockt waren. Manche beschrieben, dass
sie sich wie gelähmt fühlten vor Schreck und im ersten Moment
völliges Unverständnis empfanden für die Dinge, die gerade pas-
sierten. Einige verspürten sogar Angst bis hin zu Panik, bei anderen
war es nicht so schlimm und sie waren nur verunsichert ob der Situation. Wieder andere verfolgten die Entwicklungen mit Interesse,
aber ohne negative Empfindungen. Die meisten Interviewpartner
sagten mir, dass sie zu diesem Zeitpunkt die Hoffnung hatten, die
Situation werde sich bald beruhigen.

Einer der ersten Gedanken bei vielen Bankern war, was dies
nun für die eigene Bank bedeutet. Dies ist eine sehr gesunde Reaktion, weil dadurch das Blickfeld erweitert wird. Um festzustellen,
was die Lehman-Pleite für die eigene Bank bedeutet, muss man
zuerst einmal prüfen, welche Geschäfte man mit Lehman hat. Ob
die Bank beispielsweise Geld an Lehman verborgt hat, das sie nun
unter Umständen nicht mehr zurückbekommt. Hier ist also ein
Handeln nötig und das ist der erste Schritt aus der Opferrolle. Wer
handelt, hat Gestaltungsmöglichkeiten und ist der Situation nicht

Was bedeutete die Lehman-Pleite für die Banker und ihre Arbeitgeber hilflos ausgeliefert. Hier zeigt sich die Einstellung eines Bankers sehr typisch. Die Rahmenbedingungen haben sich geändert, also wie ist die aktuelle Sachlage und wie kann ich sie für mich nützen? Obwohl zu diesem Zeitpunkt keine Prognosen über die weitere Zukunft möglich waren, wurden die ersten Schritte getan.

❓ Ablauf einer traumatischen Krise

Eine traumatische Krise beginnt mit einem plötzlichen Anlassfall, welcher einen Schock auslöst. In dieser Phase zeigen die Betroffenen verschiedenste Verhaltensweisen von gesteigerter Aktivität bis hin zu absoluter Teilnahmslosigkeit. Oftmals ist nach außen hin aber keine Verhaltensänderung sichtbar, der Mensch funktioniert wie immer. In ihm drinnen sieht es aber trotzdem ganz anders aus. Als Nächstes folgt die Reaktionsphase, in der eine Auseinandersetzung mit der Realität stattfindet. Starke Emotionen, Verleugnung, Verdrängung, aber auch eine sachliche Bearbeitung sind möglich. Diese Zeit ist entscheidend für den weiteren Verlauf. Wird sie positiv bewältigt und die neue Situation so akzeptiert, wie sie ist, erfolgt der Übergang in die Bearbeitungsphase. Hier wird dann bereits wieder ein Blick in die Zukunft geworfen, Interesse gezeigt und es werden Pläne gemacht. Daran schließt die Phase der Neuorientierung an. Die Krise kann nun rückblickend betrachtet werden und aus ihrer erfolgreichen Überwindung kann der Betroffene neue Kraft schöpfen und ein gestärktes Selbstwertgefühl erleben. Kann eine Phase jedoch nicht überwunden werden, v. a. weil die soziale Umwelt keine Unterstützung bietet, besteht die Gefahr einer Isolation und einer Chronifizierung der Krise. Die Menschen leiden in weiterer Folge oft an körperlichen und seelischen Krankheiten wie Depressionen oder flüchten in Süchte. Die Gefahr der Suizidalität steigt (vgl. Sonneck et al., 2012, S. 34).

Schnelles Handeln war gefragt

Als die Finanzkrise ausbrach, war die Situation dramatisch. Das Vertrauen der Banken gegenüber anderen Banken war schlagartig weg und Banken verborgten untereinander kein Geld mehr. Hier war ein schnelles Handeln nötig und der persönliche Einsatz der Mitarbeiter war sehr hoch. Durch die Übernahme von Verantwortung und das Treffen der richtigen Entscheidungen konnten nicht nur Verluste verhindert oder verringert werden, sondern in manchen Fällen sogar Gewinne erzielt werden.

Die Krise als Chance sich zu beweisen

Einige Banker erzählten mir, dass sie sich in dieser Zeit extrem lebendig und kongruent gefühlt haben, weil sie ihre fachliche und auch soziale Kompetenz unter Beweis stellen konnten. Sie wuchsen mit der Herausforderung und obwohl die Arbeitsbelastung und der Druck in den Tagen und Wochen nach der Lehman-Pleite enorm waren, beschreiben sie dies als tolle Zeit. Die Banker, die dies so erlebten, gaben an, schon vor der Krise ein großes Selbstwertgefühl und Vertrauen in die eigenen Fähigkeiten gehabt zu haben. Für sie war die Krise keine Krise, sondern vielmehr eine Chance, zu beweisen, was in ihnen steckt und wozu sie im Notfall fähig waren. Ich hatte sogar den Eindruck, sie waren froh, dadurch ihre Selbstwirksamkeit bestätigt zu bekommen. Wenn ein Mensch diese Erfahrung macht, verstärkt dies sein Selbstvertrauen umso mehr und er ist dadurch für weitere Krisen gerüstet. Sein Denken verändert sich noch mehr in die Richtung, dass er Schwierigkeiten als Hindernisse sieht, die er sich aufgrund seiner Erfahrungen zutraut zu überwinden.

Wenn Menschen in einer akuten Krise sind, ist es wichtig, sie so rasch wie möglich zu unterstützen. Dies verhindert am ehesten, dass es zu einer Fixierung auf den Krisenanlass oder zu einer Chronifizierung der Krise kommt.

3.6   Erste Hilfe

> **Krisenintervention**
>
> Krisenintervention „umfasst alle Aktivitäten, die dem Betroffenen helfen, die aktuellen Schwierigkeiten zu bewältigen" (vgl. Sonneck et. al., 2012, S. 15). In erster Linie handelt es sich um die Sicherung vor Gefahren, dem Begleiten und der Entlastung in der aktuellen Situation. Krisenintervention ist auf einen kurzen Zeitraum beschränkt, in dem die Hilfe zur Selbsthilfe angeregt werden soll. Sie ist am effektivsten, wenn sie rasch erfolgt, und wird dadurch erreicht, dass sich der Betroffene nicht alleingelassen fühlt. Krisenintervention kann von jedem geleistet werden, sofern er sich dazu in der Lage fühlt und nicht selbst betroffen ist.

Es kann sehr schnell passieren, dass wir mit einem Krisenanlass konfrontiert werden, und ich möchte Ihnen hier ein Rüstzeug für Situationen geben, in denen Sie emotionale Erste Hilfe leisten müssen. Es kann sein, dass Sie Zeuge eines schweren Unfalls werden oder dass eine Kollegin im Büro neben Ihnen den Anruf erhält, dass ihr Mann gerade gestorben ist. Es ist gut für Sie zu wissen, wie Sie in dieser Phase helfen können. So schlimm der Anlass auch sein mag,

Sie können jederzeit in Situationen kommen, in denen Sie Ihren psychischen Erste-Hilfe-Koffer benötigen

allein das Wissen, dass Sie nicht mit leeren Händen dastehen, gibt Ihnen wahrscheinlich schon im Vorfeld ein Gefühl der Sicherheit. Sie bekommen sozusagen einen psychischen Erste-Hilfe-Koffer, den Sie immer dabei haben und im Bedarfsfall für sich und andere verwenden können.

ℹ Wie Sie emotionale Erste Hilfe leisten können

Professionelle Kriseninterventionsteams, wie es sie beispielsweise beim Roten Kreuz gibt, setzen bewährte Methoden bei der Krisenintervention ein.

Eine davon, die **BELLA-Methode**, möchte ich Ihnen hier vorstellen (vgl. Sonneck et. al., 2012, S. 105ff):

B steht für „Beziehung". Als erster Schritt sollte eine Beziehung zum Betroffenen hergestellt werden. Dies kann durch eine kurze Vorstellung passieren: „Hallo, meine Name ist …, ich möchte Ihnen helfen." Diese Bestimmtheit vermittelt Sicherheit, während die Frage „Brauchen Sie Hilfe?" abschwächend wirkt, sowohl im Angebot als auch in der Bereitschaft der Annahme. Viele Menschen haben eine gewisse Hemmschwelle, Hilfe anzunehmen. Sollte der Betroffene Hilfe ablehnen, ist es trotzdem gut, in der Nähe zu bleiben und ihn weiter zu beobachten, bis professionelle Hilfe eingetroffen ist. Wichtig für den Aufbau einer Beziehung ist Vertrauen herzustellen und dazu müssen Sie auf den anderen eingehen. Aktives Zuhören, den anderen ernstnehmen und ihn emotional dort abholen, wo er steht. Sie müssen nicht unbedingt reden, schweigen ist oft besser als abgedroschene Kalendersprüche. Alleine schon Ihre Anwesenheit wirkt unterstützend.

E steht für „Erfassen". Hier geht es um das Erfassen der Situation. Was ist passiert? Wie sind die Lebensumstände des Betroffenen? Spekulieren Sie hier nicht, fragen Sie ruhig auf feinfühlige Art nach. Reden wirkt in der Regel entlastend.

L steht für „Linderung der schweren Symptomatik". Versuchen Sie den Betroffenen emotional zu entlasten, ohne ihn dabei zu entmündigen. Das Ziel der Krisenintervention ist die Hilfe zur Selbsthilfe, darum lassen Sie ihn tun, was er tun kann. Helfen Sie ihm dabei, leiten Sie ihn an, erinnern Sie ihn, was wichtig sein könnte, aber machen Sie ihn nicht noch mehr zum Opfer, indem Sie ihm signalisieren, dass er das nicht selbst tun könne. Falls er wirklich am Ende seiner Kräfte ist, organisieren Sie professionelle Hilfe (oder lassen Sie ihn selbst rufen). Manchmal ist in dieser Phase auch der Einsatz von Medikamenten nötig.

L steht für „Leute einbeziehen". Gibt es im Umfeld des Betroffenen jemanden, der bei ihm bleiben kann, wenn Sie wieder gehen? Welche Hilfe wird benötigt und wo bekommt man sie her? Helfen Sie beim Setzen der ersten Schritte.

A steht für „Ansatz zur Problembewältigung". Sprechen Sie über das Problem, benennen Sie das Vorgefallene und setzen Sie es in eine Relation zum Leben des Betroffenen. Welche Bedeutung kommt dem Geschehenen zu? Erkennen Sie an, dass das eine Veränderung bewirkt, und versuchen Sie den Blick des Betroffenen zu weiten. Oftmals bestehen in der Phase große Ängste gegenüber der Zukunft. Versuchen Sie hier Gedankenfehler aufzuzeigen und mögliche alternative Szenarien zu entwerfen. Sie müssen hier keine Lösung liefern, aber einfach die Anzahl der Möglichkeiten bewusst machen, damit der Betroffene sich nicht auf das Worst-case-Szenario fokussiert. Ein guter Ansatz ist die Schritt-für-Schritt-Methode. Die Dimensionen lassen sich so knapp nach einem Krisenanlass oft noch gar nicht erfassen, oft fehlen dazu auch Informationen. Hier hilft es, den ersten Schritt festzulegen. Und vielleicht sogar noch Schritt zwei und drei. Das gibt dem Geschehen einen Rahmen und vermittelt das Gefühl der Beherrschbarkeit der Situation, zumindest fürs Erste.

Wenn Sie den Betroffenen soweit begleitet haben, dass er emotional halbwegs stabil und versorgt ist und weiß, was seine nächsten Schritte sind, haben Sie schon viel erreicht.

Sie sehen also, jemand anderem in einer akuten Krisensituation zu helfen ist nicht sehr schwer. Es sind die kleinen Dinge, die helfen, allen voran Menschlichkeit. Setzen Sie sich selbst nicht unter Druck, mehr machen zu müssen. Dafür gibt es Profis wie z. B. Berater und Therapeuten. Sie müssen nicht die Welt retten, unterstützen Sie einfach Ihr Gegenüber, wieder langsam auf die Beine zu kommen.

Zur Hilfe braucht es nicht viel

Damit das für Sie persönlich nicht zu belastend ist, grenzen Sie sich emotional ab. Damit meine ich nicht, dass Sie gefühlskalt sein sollen, ganz im Gegenteil. Seien Sie empathisch für das, was der andere jetzt braucht, aber denken Sie an den Spruch „Mitfühlen, aber nicht mitleiden". Es genügt, wenn Sie das Leid und die Gefühle des anderen anerkennen, das können Sie auch so aussprechen: „Ich erkenne deinen Schmerz, es tut mir leid, dass du so leidest." Aber es ergibt keinen Sinn, wenn Sie selbst mitleiden. Es ist nicht Ihnen passiert, also verwerfen Sie Gedanken wie „Wenn das mir passieren würde …." oder „Damals, als ich in der Situation war … ". Das bringt jetzt niemandem etwas. Als Helfer müssen Sie sich auf die

Mitfühlen, nicht mitleiden

aktuelle Situation konzentrieren und Ihr oberstes Ziel sollte sein zu erkennen, was der andere jetzt am dringendsten braucht (und ihn dabei zu unterstützen, das, wenn möglich, selbst zu organisieren). Am einfachsten geht das, wenn Sie ihn fragen und ihm aufmerksam zuhören. So erfahren Sie, was in seinem Kopf vorgeht.

Aktives Zuhören

Aktives Zuhören heißt, dass Sie dem Gegenüber Ihre volle Aufmerksamkeit schenken und ihn durch eine offene Körperhaltung und ermunternde Mimik zum Reden ermuntern. Lassen Sie ihn aussprechen und fragen Sie bei Unklarheiten nach. Wiederholen Sie das Gehörte und erkennen Sie seine Meinung an. Halten Sie Ihre eigene Meinung zurück, auch nonverbal. Das gelingt leichter, wenn Sie neugierig bleiben und versuchen, auf respektvolle Art und Weise möglichst viel über den anderen zu erfahren.

Scheuen Sie sich nicht, um Hilfe zu bitten

Wenn Sie selbst direkt von einer akuten Krise betroffen sind, sehen Sie wahrscheinlich im ersten Moment den Wald vor lauter Bäumen nicht. Aber wenn Sie sich im Vorfeld mit dem Thema Krise beschäftigt haben und auch über den Erste-Hilfe-Koffer Bescheid wissen, hilft Ihnen das, sich schneller wieder zu sammeln. Scheuen Sie sich nicht davor, in so einer Situation aktiv um Hilfe zu bitten. In professionellen (klassischen) Erste-Hilfe-Kursen lernt man, dass man Passanten gezielt ansprechen sollte „Sie da, rufen Sie einen Krankenwagen, und Sie daneben, holen Sie mir … ". Das ist wirkungsvoller, als in die Runde zu rufen: „Hilfe, holt einen Krankenwagen". Menschen brauchen in so einer Situation klare Anweisungen, weil sie sich unsicher und überfordert fühlen und Angst haben, etwas falsch zu machen. Wenn Sie selbst also Hilfe brauchen, gehen Sie gezielt auf die Leute zu und sagen klar, was Sache ist und was Sie von ihnen brauchen. Die meisten Leute werden dankbar sein, dass Sie es Ihnen leicht machen zu helfen. Außerdem ist es in der Regel ein sehr positives und befriedigendes Gefühl, jemandem helfen zu können. Wenn Sie nicht sicher sind, was Sie brauchen, sagen Sie einfach „Ich bin momentan total verwirrt, aber es gibt mir Sicherheit, wenn ich nicht alleine bin. Bitte bleiben Sie bei mir."

ⓘ Atmen

Wenn Sie in einer Krisensituation sind, versuchen Sie, so gut es geht, ruhig zu bleiben und sich nicht stressen zu lassen. Wenn

Sie Anzeichen von Stress wahrnehmen wie beispielsweise eine beschleunigte Atmung, Herzrasen, Schweißausbrüche, einen „leeren Kopf", dann hilft Ihnen ein kleiner Trick, emotionalen Abstand zu gewinnen und dadurch ruhiger zu werden. Sagen Sie zu sich selbst „Ich merke, dass ich gerade eine Stressreaktion erlebe, denn mein Körper reagiert darauf. Das ist ganz normal und eine natürliche Reaktion, um mich zu schützen. Trotzdem wäre es hilfreicher, wenn ich jetzt wieder ruhig werden würde." Sagen Sie das bewusst langsam und atmen Sie mit Absicht ruhiger und gleichmäßig und stellen Sie sich bildlich vor, wie Sie sich entspannen. Sie fungieren hier quasi als Ihr eigener Coach und beruhigen sich dadurch selbst.

Eine der schnellsten und effektivsten Methoden, um einen klaren Kopf zu bekommen, ist die Atmung in den Griff zu bekommen. Wenn wir uns erschrecken oder geschockt sind, atmen wir automatisch flach und schnell und unser Puls steigt an. Atmen Sie in einer solchen Situation ganz bewusst langsam und bis tief in den Bauch, konzentrieren Sie sich auf den Weg, den die Luft dabei durch Ihren Körper nimmt. Nehmen Sie wahr, wie sie durch die Nase einströmt, wie sich der Brustraum weitet und der Bauch dehnt. Atmen Sie noch ein bisschen mehr Sauerstoff ein als normal und atmen Sie dann langsam wieder aus. Registrieren Sie, wie der Bauch sich wieder nach innen zieht, wie der Brustraum wieder einsackt, und lassen Sie die Luft über Ihren Mund entweichen. Beim nächsten Mal versuchen Sie doppelt so lange aus- wie einzuatmen. Damit das gelingt, können Sie dabei mitzählen. Es genügt meist schon, wenn Sie für drei Minuten bewusst atmen, damit sich der Puls beruhigt, Ihr Gehirn optimal mit Sauerstoff versorgt wird und das Signal an den Körper gibt, sich zu entspannen. Durch die Konzentration auf die Atmung, Ihren Körper und das Zählen bekommen Sie Ihre Gedanken in den Griff. Falls Sie gut visualisieren können, stellen Sie sich vor, Sie haben einen Hebel für Ihren Puls vor sich, wie bei einem Motorboot. Dieser Hebel ist momentan ganz nach oben gedrückt und dadurch geben Sie Vollgas. Nun greifen Sie den Hebel an, spüren Ihn genau in Ihrer Hand, und beim Ausatmen drücken Sie ihn nun nach unten. Und während Sie ihn nach unten drücken, merken Sie auch schon, dass die Geschwindigkeit nachlässt. Sie spüren, wie Ihre Atmung immer ruhiger und wie Ihr Puls immer langsamer wird. Sie wissen, sobald Sie den Hebel ganz nach unten gedrückt haben, sind Sie wieder mit Normalgeschwindigkeit unterwegs und wieder ruhig und entspannt. Drücken Sie so lange, bis Sie diesen Zustand erreicht haben, und atmen Sie dabei ganz langsam.

Wie Banker den Krisenausbruch erlebten

Sie haben nun erfahren, was in akuten Krisensituationen im Allgemeinen hilfreich ist. Schauen wir uns nun an, wie Banker das bezogen auf die Finanzkrise und auch die aktuelle Krise der Bankenbranche sehen. Beide haben ja das Potenzial, die Banker emotional zu belasten. Manche sind stärker belastet als andere. Was haben Banker in der Phase des Krisenausbruchs als hilfreich erlebt bzw. was denken sie, dass hilfreich gewesen wäre?

> **Alexandra, 51, Investmentbanking**
> Ich hatte den Vorteil, dass ich schon früher in krisenhaften Situationen am Desk war, auch als relativer Neuling. Zum Beispiel im Sommer 1992, als Soros gegen das Pfund spekuliert hat. Der ECU ist damals ziemlich unter Druck gewesen und das war auch eine sehr kritische Situation, wo es keinen Markt gegeben hat. Da sind am Schirm zwar Geldmarktsätze von 100% gestanden, aber du hast natürlich nicht darauf handeln können. Das kann man sich nicht vorstellen, wenn man nicht im Handel ist, dass es keinen Markt gibt. Dass dann halt niemand das Telefon abhebt, wenn man anruft. Da gibt es keinen Markt, auch wenn am Schirm etwas steht. Eine weitere Krise habe ich 1997/98 erlebt, als die GKOs Pleite gegangen sind, die russischen Geldmarktpapiere. Aber auch diese Krise haben wir ohne irgendeinen Schaden überstanden, eben weil wir geschwind das gemacht haben, was wichtig und richtig ist.
> Es ist in der Situation wichtig, sich die Genehmigung zu holen, Vorgesetzte zu informieren, die Organe zu informieren, Handlungsvorschläge zu machen und schnell zu sein. Und ganz einfach die Verantwortung zu übernehmen und zu entscheiden und umzusetzen. Das ist wirklich wichtig. Ich war der Überzeugung, dass es genau richtig ist, was wir machen, und ich hatte das volle Vertrauen meiner Vorgesetzten. Und das war super, ja. Ich hab dann natürlich eine wahnsinnig große Befriedigung verspürt, als ich gesehen habe, dass alles gutgegangen ist und wir nichts verloren haben.

Michael, 40 Kundenbetreuer

Als die Krise 2008 so richtig losging, kostete mich das sehr
viel Kraft und Energie. Die ersten Monate von Oktober 2008
bis Februar 2009 waren sehr intensiv und es waren Momente
dabei, in denen ich gerne laut geschrien oder geweint hätte
vor lauter Frust und Ärger. Wir wurden so stark gesteuert
von den Medien, die in ihrer Berichterstattung teilweise sehr
populistisch waren und nicht alle Fakten berücksichtigten.
Das trug nicht das Geringste zur Lösung der Situation bei,
im Gegenteil. Im Kampf gegen den Frust halfen mir meine
unerschütterliche Zuversicht auf Besserung, mein Kampfgeist
und mein Optimismus, aber auch der rege Austausch mit
meinen Freunden und Kollegen. Wichtig wäre ein aktives
Management gewesen. Es war leider so, dass wir großteils
auf uns allein gestellt waren. Andererseits hat mir das
Austüfteln guter Anlageentscheidungen für meine Kunden
sehr gutgetan und meine Kräfte mobilisiert. Alles zusammen
waren also meine Zuversicht, meine Freunde und Kollegen
und meine Kunden, für die ich das Beste geben wollte, meine
Energiequellen in dieser turbulenten Zeit.
Für meine eigene Einstellung essenziell ist ein Bild aus 2006, das
ich in meinem Büro habe. Es zeigt den Bullen an der Wallstreet
in New York, vor dem ich damals stand. Wenn ich es betrachte,
kommt mir immer eine Aussage vom genialen Finanzinvestor
Warren Buffett in den Sinn, der gesagt hat, man sollte nie eine
Aktie für 10 Minuten kaufen, wenn man nicht bereit ist, sie
auch 10 Jahre zu halten. Seine Lebenserfahrung spiegelt sich in
dieser Aussage wider und gibt mir Zuversicht, dass es zwar zu
Schwierigkeiten kommen kann, diese aber auch überwunden
werden können. Manchmal früher, manchmal aber auch später.
Antizyklisches Denken aus der Krise 2003 war auch hilfreich.
Jetzt günstig investieren und Geduld haben war im Frühjahr
2009 die Devise und der Erfolg. Die Erfahrungen 2003 in der
Krise waren für mich ein guter Haltepunkt.
Auch das Seminar „Psychologie an der Börse" hat mich
nachhaltig geprägt und auch meine Kundenbeziehungen
positiv verändert. Es hat mein Verständnis für die Kunden,
ihre Wünsche, Hoffnungen und Ängste geschärft. Dadurch,
dass ich in meiner Beratung nun besser darüber Bescheid
weiß, kann ich auch mehr auf meine Kunden eingehen und
das wissen sie zu schätzen. Meine Beratung wurde durch das
Seminar definitiv auf ein anderes Niveau gehoben.

Emil, 43, Devisenhändler

Der 11. September ging mir sehr nahe. Die Emotionen von damals waren enorm und nur zu bewältigen, indem ich permanent und pausenlos darüber geredet habe.

In der Finanzkrise bestand die Überforderung einzig und allein darin, machtlos zu sein, ob die Eigentümer und Chefs der Bank nicht eines Tages doch sagen, dass es ab morgen keinen Handel mehr gibt und ich meinen Job los bin. Bei anderen Banken passierte das genauso. Das zu sehen hat mich hin und wieder verunsichert. Ich versuchte einfach darauf zu vertrauen, dass mir nichts passiert. Die Kraft, diese intensive Zeit gut zu überstehen, habe ich aus einem ganz bestimmten Gefühl gezogen. Nämlich dem Gefühl, dass mir irgendwie nichts passieren kann. So als würde mich eine höhere Macht beschützen. Dieses Gefühl war immer da. Und dieses Gefühl ist schon ein gewisser Rettungsanker. Außerdem gab mir damals schon meine Frau das Gefühl, dass – egal was passiert, auch wenn ich den Job verliere – ich auf sie zählen kann. Meine persönliche Krise – als mein Chef mir einen Teil meines Verantwortungsbereichs wegnehmen wollte – hat mir massiv zugesetzt. Ich suchte professionelle Unterstützung und arbeitete mit einem Psychotherapeuten, um zu erkennen, warum mir diese Situation so zusetzt. Es war mir extrem wichtig, nicht kampflos das Feld zu räumen, alles zu tun, was mir möglich ist und mit ganzer Kraft meinen Bereich zu verteidigen. Geholfen hat mir, dass ich richtig gefühlt habe, welch gute Qualität mein Kampf hat. Am Ende entwickelte sich für mich alles zum Guten.

Paul, 45, Sales

Die Finanzkrise 2008 war für mich persönlich nur halb so schwer zu ertragen und verkraften wie die erste große Krise 2003. Das Überstehen und das gestärkte Hervorgehen aus 2003 haben mich krisenresistent gemacht.

Martin, 42, Private Banking

Auf die erste Schockphase folgte bei mir eine Analysephase. Warum ist es passiert, wie ist es passiert und wird es andere jetzt auch treffen? Was hätte man anders machen können oder was war schuld, dass das alles so gekommen ist? Wobei mir das eigentlich eh klar war. Wenn man sich anschaut, was für Produkte da am Markt waren und emittiert wurden, war das klar, dass es einmal zu einer Blasenbildung kommt. Die Zeit war sehr hektisch. Es waren auf einmal neue Gegebenheiten und keiner hat gewusst, wie man mit so einer Situation umgeht. Das Geschäft ist zuerst einmal sicherheitshalber hinuntergefahren worden. Auf der anderen Seite hat man gewusst, man kann nicht ohne Geschäft leben. Die Risikomanager haben die Bleistifte gespitzt und sind erhört worden. Es kamen neue Richtlinien, alle Kreditlinien zu anderen Banken sind überdacht worden. Es ist Hektik hineingekommen, auch Hilflosigkeit, weil man nicht gewusst hat, wo es jetzt hingeht und wen es noch betrifft, und wie soll man das Ganze analysieren? Das hat zuerst niemand verstanden.

Ich persönlich hatte eine leichtere Situation, weil ich mich beruflich schon verändert hatte aus dem Handel heraus, also weg vom Produkt hin zum Kunden. Bei mir war das eher dann so, dass ich versucht habe die Reaktion bei den Kunden abzusehen, die von der Krise betroffen waren. Meine Kunden waren Institutionelle, das heißt z. B. Fondsmanager. Mir haben einige gesagt, dass die Entscheidung, den Zuschlag nur vom Preis abhängig zu machen, im Nachhinein gesehen nicht richtig war. Das war für mich ein bisschen eine Genugtuung für die Fälle, wo ich damals nicht zum Zug gekommen bin, auch wenn das jetzt böse klingt. Aber ich hatte davor vergebens damit argumentiert, dass man sich schon anschauen sollte, wer der Geschäftspartner ist, und dass ein österreichisches Haus weniger riskant ist als eine internationale Investmentbank, die stark in derivativen Produkten engagiert ist. Insofern habe ich mich auch gefreut und bestätigt gefühlt, dass mein Sicherheitsdenken sich bewahrheitet hat.

Philipp, 39, Treasury
Ruhe ist in Krisensituationen extrem wichtig. Ruhe und einfach strukturiert an die Dinge heranzugehen, mehr auf seine eigene Meinung zu hören, als sich von hunderttausend anderen etwas erzählen zu lassen, das ist wichtig. Research zu lesen hat in der Finanzkrise nicht wirklich etwas gebracht, denn all die Koryphäen und Experten saßen im selben

Boot. Wenn man sich die Expertenmeinungen von damals anschaut, die eigentlich dauernd danebenlagen und immer nur nachjustiert haben, so hätte man sich die Zeit ersparen können, ihre Meinung zu lesen. Ich glaube, es ist besser, mit wenigen Menschen zu diskutieren, denen du vertraust.

3.7   Ressourcen

Warum wir wissen wollen,
was uns erwartet

Selbstvertrauen und auch das Vertrauen, das einem andere entgegen bringen, sind wichtige Ressourcen in Krisenzeiten, denn sie unterstützen die Idee, dass man dem Ganzen gewachsen ist und die Krise überwinden kann. Jede Vorerfahrung, die man mit Krisen schon gemacht hat, ist ebenso wichtig, denn was damals zur Überwindung der Krise geführt hat, könnte auch diesmal helfen. Es wäre auch gut zu wissen, was genau auf einen zukommt, denn die Angst vor der Ungewissheit ist es, die in einer akuten Krisensituation lähmt. Weiß man, was einen erwartet, kann man dazu übergehen, Handlungen zu setzen, aber wenn man es eben nicht weiß, hat man oft keinen Plan, was zu tun ist. Die Banker sagten in ihren Interviews unisono zu mir, dass ihnen Sachlichkeit und die Orientierung an den Fakten geholfen hat, die Unsicherheit in den Griff zu bekommen, Ruhe zu bewahren und die nötigen Handlungsschritte zu identifizieren. Da sie durch ihren Job eine gewisse Stressresistenz entwickelt hatten, gelang es den meisten Bankern recht leicht, ruhig zu bleiben.

Schritt für Schritt
hoffnungsvoll aus der Krise

Einige Banker meinten, es sei für sie sehr wichtig gewesen, sich selbst Ziele zu setzen, die sie kurzfristig erreichen konnten. Ein Ziel war beispielsweise, alle Positionen mit Lehman zu schließen und das verliehene Geld zurückzubekommen. Wenn man Ziele hat, kennt man meist auch die Teiletappen, die zum Ziel führen, und die Ressourcen, die dafür nötig sind. Wenn Ziele stark und attraktiv genug sind, dann bringt man auch das nötige Durchhaltevermögen auf. Es mag in diesem Zusammenhang vielleicht überraschen, aber die Banker betonten auch die Wichtigkeit positiven Denkens und mentaler Stärke. Der Glaube, alles würde gut ausgehen, ließ sie auf diese Lösung hinarbeiten. Nicht nur ich bin überzeugt, dass es ein völlig anderes Ergebnis gegeben hätte, wenn alle handelnden Personen davon überzeugt gewesen wären, diese Krise sei eine Katastrophe und nicht beherrschbar. Denn wer keine Hoffnung hat, der unternimmt auch erst gar keine Lösungsversuche.

Wer aber überzeugt ist, es zu schaffen, der mobilisiert alle nötigen Ressourcen, der ist auch offen für neue Ideen und Lösungsansätze und schafft dank dieser Kreativität und Zuversicht neue Möglichkeiten. Hierbei ist der Blick nach innen oft sinnvoller als der Blick ins Außen. Es ist in Krisenzeiten oft besser, auf die eigene Intuition zu hören als auf die Hysterie der anderen. Da kann es auch gut sein, auf den Konsum von Informationsmedien ganz zu verzichten, denn diese sind überwiegend beherrscht von Negativmeldungen und Horrorszenarien, die wahrlich alles tun, um Hoffnung und Zuversicht zu ersticken. Die negativen Gedanken beeinflussen aber unsere Gefühle und diese wiederum unser Handeln. Will man also eine Krise überwinden, findet sich die Lösung dazu kaum im Grübeln über die Misere, sondern im Ziel, das in der Zukunft liegt und das es zu erreichen gilt.

Um die Krise in den Griff zu bekommen, benötigten die Banker Kraft. Jeder Banker, den ich interviewte, gab als wichtigste Kraftquelle und Rückhalt seine Familie und Freunde an. Der soziale Zusammenhalt vermittelt Sicherheit und das Gefühl, nicht alleine zu sein, ist die wichtigste Stütze in Krisenzeiten. Freundschaft und Liebe sind für Menschen überlebenswichtig. Es gab dazu einen Versuch mit Menschenaffen, der eigentlich die Wirksamkeit eines Medikaments gegen Angst- und Stresszustände beweisen sollte. Ein Affe wurde in einen Käfig gesetzt und ein scharfer Hund vor dem Käfig postiert, was die Stresshormone im Körper des Affen ansteigen ließ. Als man einen zweiten Affen, den der erste kannte, zu ihm in den Käfig setzte, blieb der Hormonspiegel jedoch niedrig. Tauschte man den zweiten Affen gegen einen Affen aus, der dem ersten unbekannt war, stiegen die Stresshormone wieder an. Somit wurde bewiesen, dass nicht nur das Medikament hilfreich war gegen Angst, sondern ebenso gut die Anwesenheit geliebter Artgenossen. Es ist anzunehmen, dass das, was für Affen gilt, auch für andere Primaten und somit auch für Menschen gilt. (vgl. Hüther, 2012, S. 52f).

Nicht nur das Beisammensein mit Familie und Freunden, sondern auch das Reden über die belastende Situation wurde von den Bankern als besonders hilfreich erlebt, auch wenn die Gesprächspartner keine Profis aus dem Finanzbereich waren. Die Gespräche schafften Erleichterung. Da manche Banker ihre Familien nicht mit ihren Sorgen belasten wollten, suchten sie auch professionelle Hilfe bei Psychotherapeuten und Beratern. Deren neutraler Blick von außen half ihnen, die Dimensionen wieder zurechtzurücken und das Geschehene einzuordnen entsprechend der Bedeutung, die es für ihr eigenes Leben hatte. Oftmals wurde ihnen dadurch klar, dass sie ihre Prioritäten anders setzen würden müssen, um emotional

Liebe und Freundschaft sind die wichtigsten Kraftquellen

Reden hilft

ausgeglichen zu sein. Manche von ihnen nahmen sich daraufhin eine Auszeit, um den nötigen Abstand zu gewinnen und wieder frische Kraft zu tanken.

Zusammenfassung Phase 2 „Krise! – Die Krise ist da"
- Es gibt verschiedene Arten von Krisen, die sich jedoch im Ablauf gleichen.
- Die Krisenanfälligkeit ist individuell unterschiedlich.
- Das Verfügen über Ressourcen zur Krisenbewältigung beeinflusst das Erleben der Krise.

Hilfreich in der ersten Schockphase
- Cool bleiben,
- langsam und bewusst atmen, länger aus- als einatmen,
- Fakten sammeln und sich einen Überblick verschaffen,
- auf Vorerfahrungen zurückgreifen, andere Leute befragen,
- die nächsten Schritte planen und umsetzen,
- ein kurzfristig erreichbares Ziel im Auge haben,
- handeln und aktiv bleiben,
- Ressourcen ausmachen und aktivieren,
- Freunde und Familie,
- mentale Stärke und Optimismus sowie
- Kräfte einteilen und auftanken.

Was für mich wichtig ist:

_____
_____
_____
_____
_____

Literatur

DerStandard.at (15.09.2008). *Börsenabsturz nach US-Pleite.* http://derstandard.at/1220458173915/Boersen-Absturz-nach-US-Bankenpleite. Zugegriffen 07.06.2016

Duden.de (2016). http://www.duden.de/rechtschreibung/Krise. Zugegriffen 07.06.2016

FAZ (07.09.2013) *Banker, helft euch selbst!* http://www.faz.net/aktuell/wirtschaft/wirtschaftspolitik/lehman-insolvenz-banker-helft-euch-selbst-12563883.html [16.06.2015]

Focke I., Kayser M., Scheferling U. (Hrsg.) (2013). *Die phantastische Macht des Geldes. Ökonomie und psychoanalytisches Handeln.* Stuttgart: Klett-Cotta.

Forbes (14.03.2013) *A Look Back At Bear Stearns, Five Years After Its Shotgun Marriage To JPMorgan* http://www.forbes.com/sites/steveschaefer/2013/03/14/a-look-back-at-bear-stearns-five-years-after-its-shotgun-marriage-to-jpmorgan/. Zugegriffen 07.06.2016

Hüther, G. (2012). *Biologie der Angst. Wie aus Streß Gefühle werden* (12. Aufl.). Göttingen: Vandenhoeck & Ruprecht.

Negt, O. (2013). *Der politische Mensch – Demokratie als Lebensform.* In I. Focke, M. Kayser, U. Scheferling (Hrsg.), *Die phantastische Macht des Geldes. Ökonomie und psychoanalytisches Handeln.* Stuttgart: Klett-Cotta, S. 109–128.

Pohlmann, W. (2013). Wie kann man „Geld" psychoanalytisch verstehen? Überlegungen zu einer Psychoanalyse der Dinge. In I. Focke, M. Kayser, U. Scheferling (Hrsg.), *Die phantastische Macht des Geldes. Ökonomie und psychoanalytisches Handeln.* Stuttgart: Klett-Cotta, S. 63–75.

Sonneck, G., Kapusta, N., Tomandl, G. & Voracek, M. (Hrsg.) (2012). *Krisenintervention und Suizidverhütung.* Wien: facultas wuv.

Tuckett, D. (2013). Geld verstehen- Understanding money. In I. Focke, M. Kayser, U. Scheferling (Hrsg.) (2013). *Die phantastische Macht des Geldes. Ökonomie und psychoanalytisches Handeln.* Stuttgart: Klett-Cotta, S.144–158.

Phase 3 „Emotionale Achterbahnfahrt"

Mitten in der Krise

Silvia Breier

© Springer-Verlag Berlin Heidelberg 2017
S. Breier, *Die Krisen-Strategien der Banker*,
DOI 10.1007/978-3-662-53377-2_4

Nach der ersten Schockphase folgt eine länger dauernde Zeit voller emotionaler Hochs und Tiefs, die nicht unbedingt einer strikten Reihenfolge folgen und in der sich mehrere Zustände wiederholen können. Diese Phase kann je nach Person, ihrem Zustand zum Zeitpunkt vor der Krise und dem Umgang damit sehr kurz bis zu über ein Jahr lang andauern, sich schlimmstenfalls sogar manifestieren und zu einer Chronifizierung führen. Wird die Phase jedoch erfolgreich abgeschlossen, so ist der Weg frei für einen Neubeginn.

Nach Ausbruch der Finanzkrise 2008 wechselten sich Tendenzen der Erholung mit neuerlichen Rückschlägen ab, wie man anhand von Kursverläufen sehr gut sehen kann. Für die Marktteilnehmer war das ein Wechselbad der Gefühle.

Banker berichten über ihre Erfahrungen in dieser Phase. Die öffentliche Meinung schlug um und führte teilweise zu einem Banken-Bashing, das das psychische und physische Wohlergehen der Banker gefährden konnte.

Dieses Kapitel geht auf die Folgen der Krise für das Vertrauen, den Selbstwert und die Identität der Menschen ein. Nicht nur die Banker sind davon betroffen, sondern die gesamte Gesellschaft. Die Auswirkungen reichen bis hin zu einem Anstieg der Suizidrate.

Das Modell der Salutogenese beschäftigt sich damit, was dafür verantwortlich ist, dass manche Menschen besser mit Krisen umgehen können als andere Menschen. Die persönliche Lebenseinstellung hat einen großen Anteil an der erfolgreichen Bewältigung. Die richtigen Glaubenssätze und Vorbilder sind ebenfalls hilfreich. Am Ende des Kapitels erhalten Sie Tipps, wie Sie diese für sich einsetzen können.

Die Phase der größten Belastung

Die erste akute Phase einer Krise geht nach einiger Zeit über in einen Zustand, in dem sich nach und nach das wahre Ausmaß der Veränderung offenbart und in dem wir erst lernen müssen, diese Veränderung zu akzeptieren und einen Weg zu finden, wie wir damit umgehen. Diese Phase ist für die meisten Leute sehr belastend, da man normalerweise nicht weiß, wie lange sie andauern wird. Die Ungewissheit ist ein Faktor, der zusätzlich Stress erzeugt. Dauerstress ist für den menschlichen Körper sehr belastend, denn dieser hat keine Zeit zu regenerieren und Kraft zu tanken. Die enge Verbindung von Körper und Psyche ist der Grund, warum sich Symptome von Dauerstress auch in beiden Bereichen zeigen können.

4.1   Emotionen

Hilflosigkeit löst heftige Emotionen aus

In dieser Phase erleben wir eine emotionale Achterbahnfahrt, bei der wir typischerweise versuchen Herr der Lage zu werden und dabei immer wieder scheitern. Unsere gewohnten Lösungsansätze erweisen sich als wirkungslos und das wiederum erzeugt ein Gefühl des Versagens und der Hilflosigkeit. Wir werden zurückversetzt in eine Zeit unseres Lebens, in der wir noch nicht autonom und selbstbestimmt agieren konnten, sondern auf andere Menschen angewiesen waren. Wir empfinden die Situation oftmals mitsamt denselben Emotionen erneut. Das kann Zorn sein, der zielgerichtet auf denjenigen abzielt, der uns in diese Lage versetzt hat. Oder es ist Wut, die allgemeiner ist als Zorn und die auf die Gesamtsituation gerichtet ist. Der Zorn kann auch auf uns selbst gerichtet sein, weil wir uns vorwerfen, nicht stark genug zu sein, diese Situation zu meistern. Darüber können wir auch Scham empfinden und uns minderwertig fühlen. Angst bis hin zur Panik ist eine fast immer vorkommende Emotion. Wir können auch Trauer empfinden, Hoffnungslosigkeit, Verzweiflung. Selbstmitleid kommt in dieser Phase ebenfalls oft vor. Es gibt auch Emotionen, die uns helfen, die nötige Energie aufzubringen, um weiterzumachen. Auch Wut kann uns antreiben, diese unangenehme Zeit schnell zu überwinden. Hoffnung ist einer der größten Antreiber und kann uns emotional beruhigen.

Oftmals erleben wir mehrere Emotionen, die einander auch widersprechen können, gleichzeitig. Das verwirrt noch mehr. Wenn z. B. gerade ein Angehöriger, der schon länger krank war und gelitten hat, stirbt, kann das Trauer auslösen. Gleichzeitig können wir aber auch etwas wie Glück empfinden. Er muss nicht mehr leiden und auch wir müssen nicht mehr mit-leiden, indem wir sein Leid sehen. Darüber sind wir oft zu einem Teil froh und empfinden seinen Tod als Befreiung, wagen das aber nicht laut auszusprechen, weil wir Angst haben, die Leute könnten schlecht von uns denken. Wir empfinden Scham ob unserer positiven Emotionen, die mit dem Todesfall verknüpft sind, und machen uns vielleicht Selbstvorwürfe deswegen. Dabei ist das ganz normal in so einer Situation. So wenig wie die Welt schwarz-weiß ist, so wenig gibt es gute und schlechte Emotionen. Die vorherrschenden Emotionen wechseln sich in dieser Krisenphase auch immer wieder ab, sodass die Dauer dieser Phase schwer abzuschätzen ist. Früher sprach man von einem Trauerjahr, es kann aber durchaus auch kürzer oder länger sein.

Die Reaktionen auf diese erlebten Emotionen können sehr unterschiedlich sein. Manche Menschen ziehen sich in sich selbst zurück, werden ganz ruhig und zeigen nach außen vielleicht überhaupt keine Reaktionen auf das Krisenereignis. Das sagt aber nichts darüber aus, was sie innerlich fühlen. Es kann auch sein, dass die Emotionen zu stark für sie wären, sodass es für sie im wörtlichen Sinn überlebensnotwendig ist, sie zu unterdrücken. Einer gefasst wirkenden Witwe vorzuwerfen, sie hätte den Ehepartner nicht geliebt, weil sie offenkundig nicht traure, ist in dieser Situation eine verletzende Anmaßung, die man sich sparen sollte. Menschen,

Ambivalente Gefühle sind in dieser Phase ganz normal

Jeder Mensch geht anders damit um. Ein Richtig oder Falsch gibt es nicht die von ihrer Persönlichkeit her eher extrovertiert sind und einen guten Zugang zu ihren Emotionen haben, werden in Krisensituationen wahrscheinlich auch eher dazu tendieren, ihren Gefühlen freien Lauf zu lassen. Sie können schreien, weinen, toben, ja sogar lachen. Lachen ist genauso wie Weinen ein Ventil, mit dem wir Dampf ablassen können und unsere innere Anspannung abbauen. Bei einem Leichenschmaus im Anschluss an ein Begräbnis erinnert man sich gemeinsam des Verstorbenen. Es ist schön und sehr heilsam, wenn man sich dabei v. a. an gemeinsame schöne Erlebnisse erinnert und darüber lachen kann. Wie wichtig lachen für unsere Gesundheit ist, wurde in zahlreichen Studien bewiesen. Denken Sie nur an Patch Adams, der die geniale Idee hatte, dass Clowns Patienten in Kliniken besuchen und sie aufheitern, denn „Lachen ist die beste Medizin".

❓ In den Tagen nach der Lehman-Pleite herrschten Ratlosigkeit, Panik und Hektik. Die Börsen stürzten ab und Menschen stürmten die Bankschalter und hoben ihr Bargeld aus Angst vor Bankensperren ab, wie wir sie beispielsweise im Sommer 2015 in Griechenland erlebt haben. Die Politik versuchte, die Menschen zu beruhigen, etwa indem sie wie in Deutschland und Österreich den Mindestschutz für Spareinlagen anhob und garantierte (vgl. DiePresse.com, 2008). Die Liquiditätskrise schadete einigen Instituten so sehr, dass diese vom Staat gerettet oder zumindest unterstützt werden mussten, sofern sie als systemrelevant angesehen wurden. Manche von ihnen wurden in eine Abwicklungsbank, auch „Bad Bank" genannt, umgewandelt, um sie später möglichst schonend für die Steuerzahler zu liquidieren. Die Europäische Zentralbank (EZB) senkte die Leitzinsen schrittweise massiv ab, doch alle Anstrengungen zeigten nur wenig Erfolg. Die Krise griff in weiterer Folge auf die Realwirtschaft über.
Notenbanken und Politik erließen neuen Vorschriften für die Finanzmärkte, um zukünftige Krisen zu verhindern. Unter anderem müssen Banken mehr Eigenkapital hinterlegen, um nicht so leicht in finanzielle Bedrängnis geraten zu können. Zusätzlich haben manche Länder Steuern und Abgaben für Banken erhöht.
Diese unruhige Zeit spiegelte sich im Kursverlauf des Schweizer Franken wider, der ja ähnlich wie Gold bis dahin als „sicherer Hafen" in Krisenzeiten galt. Vor der Finanzkrise hatte der EUR/CHF-Wechselkurs im Herbst 2007 seinen Höhepunkt bei ca. 1,6800 erreicht. Der Kurs fiel in den folgenden Monaten und Jahren in mehreren Etappen, verharrte, fiel weiter und stabilisierte sich dann ab Anfang 2012 für lange Zeit bei rund

1,2000 (das sind rund -29%). Als er im Januar 2015 durch den Wegfall der Unterstützung der Schweizer Notenbank von einem Augenblick auf den anderen im freien Fall bis auf ca. 0,8500 (das sind fast -50%) als kurzfristigen Tiefstwert fiel, war das eine neuerliche Schockwelle für das Finanzsystem. Die vermeintliche Sicherheit war dahin, obwohl sich der Kurs kurz danach in Bereichen um 1,0000 (das sind etwa -41%) stabilisierte. Diese extreme Schwankungsbreite, in der Fachsprache Volatilität genannt, ist in Zeiten von Krisen besonders groß. Nach dem Motto „alles ist möglich, aber nichts ist fix" erinnern uns solche Ereignisse daran, dass wir noch nicht zur alten Stabilität zurückgekehrt sind.

Alexandra, 51, Investmentbanking
In den ersten Wochen nach Lehman machten wir viele Überstunden, auch am Wochenende waren wir im Büro. Einige Kollegen von anderen Bereichen, die gesehen haben, was da los ist, haben uns freiwillig und von sich aus geholfen. Es war einfach so ein starker Zusammenhalt, der wirklich schön war zu sehen. Die Leute haben sich wirklich engagiert, auch wenn sie nicht zuständig waren. Man packt an, wenn was zu tun ist, etwas Wichtiges, Zeitkritisches. Und das ist etwas, das man in der Krise auch sehr, sehr gut sieht. Manchmal war es ziemlich schwer und kräftezehrend, eine große Herausforderung, ja. Aber es hat letztendlich gut geklappt. Und das Team wurde durch die Krise noch besser zusammengeschweißt, das hat jeder gespürt.

Michael, 40, Kundenbetreuer
Die Wochen und Monate nach Lehman waren mühsam und anstrengend. Dass die Regierung die Einlagensicherung erhöht hat, war ein dringend notwendiges Signal zur Beruhigung der Kunden. Trotzdem suchten sie nach noch mehr Sicherheit und kauften lieber Immobilien, anstatt ihr Geld weiterhin auf Sparbüchern oder in Wertpapiere zu veranlagen, wodurch Aktien natürlich einen Kursverfall erlebten, was wiederum die Ängste der Kunden verstärkte. Ein Teufelskreis, der da losgetreten wurde. Die Kreditvergabe an Firmen wurde weniger, einerseits weil Banken die Bonität der Firmen genauer überprüften, andererseits weil Firmen

vorsichtiger agierten, Investitionen hintan stellten und Gewinne im Unternehmen behielten und dadurch viel Liquidität horteten. Alles wurde komplizierter und teurer.

In unserer Gruppe haben wir versucht, für die Kunden gute Lösungen und Produkte zu finden, die ihren Bedürfnissen gerecht wurden. Im Team haben wir uns gegenseitig gestärkt und unterstützt. Wir suchten Chancen in den Wertpapieren, diskutierten intern viel darüber und boten erst dann den Kunden Strategien an. Damit konnten wir einige schöne Erfolge erzielen. Für mich selber war die Krise von Vorteil, weil die Zinsen für mein variables EUR-Darlehen sehr rasch zu fallen begonnen haben und meine Zinsbelastung für den Kredit niedriger wurde.

Langsam hat dann wieder eine vorsichtige Normalität am Markt und in den Köpfen der Kunden begonnen. Die Medien haben sich in dieser Zeit auf reißerische und negative Schlagzeilen konzentriert und wichtige Nebenfaktoren weggelassen, die aber beruhigen hätten können. Ich erinnere mich, dass viele Kunden stündlich die Nachrichten hörten, welche über Wochen hinweg negativ waren und sie verunsicherten. Das passiert derzeit ja auch wieder bei den Berichten über globale Unruhen, Flüchtlinge, Anschläge etc. Ich kann nicht ganz nachvollziehen, warum die Leute sich das selbst antun, sich permanent mit diesen Negativmeldungen zu beschäftigen.

In den ersten Wochen nach Lehman war ein Lachen kaum mehr möglich. Die Beratung konnte nicht auf sachlicher, sondern fast nur auf emotionaler Ebene aufgebaut werden. Mein oberstes Ziel war, die Kunden zu beruhigen und ihnen wieder Zuversicht zu geben, dass nach jedem Absturz auch wieder eine Erholung kommen würde. Nur wie und wann, konnte man nach dieser Krise nicht vorhersagen. Hilfreich für mich war ein externes Seminar über Psychologie an der Börse und über das Anlegerverhalten, das ich als Belohnung für meine guten Leistungen besuchen durfte. Das war kurz bevor die Aktienkurse zu fallen begonnen haben. Ich lernte sehr viel über die Denkweise der Kunden und verstand die Reaktionen dann in der Krise sehr gut. Ich lernte dadurch genau hinzuhören, versuchte zu beruhigen und bei den Fakten zu bleiben. Erst wenn ich die emotionale Seite des Kunden wahrgenommen und darüber gesprochen hatte, konnte ich langsam zu einer sachlichen Beratung übergehen und Lösungen suchen. Es hat auf jeden Fall einige schlaflose Nächte bei den Kunden und auch bei mir gegeben. Ich hatte teilweise Tage und Wochen, an denen von der Früh bis zum Abendessen zu Hause kein anderes Thema präsent war. Auch im Freundeskreis wurden viele Fragen an mich gestellt und ich versuchte zu beruhigen. Das war aber schwer durch die Allgegenwart der Negativmeldungen in den Medien und die Machtlosigkeit dagegen erregte meinen Ärger. Eine breitere volkswirtschaftliche Bildung der Öffentlichkeit wäre sicher eine gute Unterstützung gewesen.

Emil, 43, Devisenhändler

Unmittelbar nach der Lehmann-Pleite war die Zeit so intensiv, dass ich mich an jedes Detail erinnere. Ich konnte gut und sorgenfrei schlafen und hatte wegen der Finanzkrise kein bedrückendes Gefühl. Der Markt war ja noch vorhanden und hat sich bewegt. Und da ich wusste, dass ich persönlich überhaupt keine Schuld hatte, dass manche Menschen ihr ganzes Geld verloren hatten, hatte ich zwar Mitgefühl, aber kein schlechtes Gewissen. Abschalten war vielleicht etwas schwieriger. Aber einfach deshalb, weil es eine spannende, intensive Zeit war, in der viel passierte.
Da ich nie das Gefühl hatte, dass meine eigene Existenz in Gefahr war, und im Handelsraum keine Sekunde das Gefühl aufkam, dass das jetzt das Ende unseres Berufs sei, war es für mich sogar ein aufregendes Gefühl, alles, was passiert, live im Markt miterleben zu dürfen. Ich liebte es, wenn alle nervös durcheinander brüllten und die Hektik besonders groß war.

Paul, 45, Sales

Die Ankündigungen der Politik, dass die Spareinlagen sicher sind, waren beruhigend, obwohl ich nicht daran geglaubt habe. Auch war beruhigend, dass ganz Europa betroffen ist und nicht nur Österreich. Die Krise hat einige Wochen für mich gedauert, danach kam die Hoffnung auf, dass alles halb so arg sei.

Ich habe damals viel gelesen und ferngeschaut, um ständig informiert zu sein, dadurch habe ich weniger geschlafen. Jede positive Zeile in den Printmedien und jedes positive Wort der Politik waren hilfreich, obwohl ich ein kritischer Beobachter war. Als Banker hatte ich auch das Gefühl, Informationsvorsprung zu haben. Freunde und Familie haben mich ständig gefragt, ob ich mehr wisse und was das Beste sei zu tun. Überfordert war ich von den Kundenfragen und -ängsten, ob ihre Einlagen bei unserer Bank sicher sind, weil ich nicht einmal wusste, ob der Euro sicher ist bzw. der Staat sicher ist. Damals hätte ich mir eine klarere Strategie der Bank gewünscht, wie mit solchen Anfragen umzugehen ist.

Philipp, 39, Treasury
Vor der Krise hatte ich annähernd einen „9-to-5-Job". In der Krise sind wir oft bis Mitternacht in der Bank gesessen, einmal sogar bis um drei in der Früh. Für mich war es vor der Krise schon anstrengend und belastend, nämlich privat belastend. Wenn es jetzt im Privaten nicht so super läuft und dann hast du auch noch die Belastung in der Firma, nimmst den Druck dann auch noch mit heim ... das ist fatal. Dann wird das schwierig. Für mich war dann irgendwann der Zeitpunkt gekommen, dass ich gesagt hab, ich will das ganz einfach so nicht mehr. Es ergab sich dann beruflich ein anderes Angebot, das ich annahm, wodurch es dann leichter wurde. Ansonsten, glaub ich, kannst du dir das heutzutage nicht leisten, wenn du Familie hast, dass du sagst, ich mache, was ich will und was mir Spaß macht, und ich mach jetzt einmal eine Pause. Weil wenn du in der Finanzkrise jetzt eine Pause machst, machst du eine Pause, aber die dauert dann länger als geplant. Du kommst vielleicht woanders wieder unter, aber du wirst nicht, definitiv nicht, deinen Job wieder bekommen. Es gibt einfach zu wenig Jobs.

Krise folgt Rettung, folgt Krise, folgt …

Der weitere Verlauf der Finanzkrise war ein Wechsel zwischen Phasen der Beruhigung und neuen Höhepunkten, die meist eine neue Krise darstellten, deren Ausbruch durch die vorangegangene begünstigt wurde. Auf die eigentliche Finanzkrise folgten die Bankenkrise, die Vertrauenskrise, die Schuldenkrise der Staaten, die Griechenlandkrise, die Eurokrise etc. Die Krise wurde also fast schon zum Alltag, zur Normalität. Möglicherweise ist es deshalb angebracht, davon zu sprechen, dass die ursprüngliche traumatische Krise in eine Veränderungskrise (nähere Erklärung ▶ Abschn. 5.4) übergegangen ist.

Die Folgen der Finanzkrise waren für viele Menschen katastrophal. Sie verloren ihren Job, ihre Ersparnisse und unter Umständen auch Familie und Freunde. Zu den nach außen sichtbaren Verlusten kommt noch die Angst vor der Zukunft, die Hoffnungslosigkeit, das Gefühl, dauerhaft überflüssig und damit wertlos zu sein, die Wut über die Situation. Darum haben die Finanzkrise und ihre Folgen die Kraft, gesellschaftliche Veränderungen zu bewirken.

» Die Gefahren für eine Entdemokratisierung der Gesellschaft sind nicht hoch genug einzuschätzen. Um es noch einmal zu sagen: Wenn der Angstrohstoff von Menschen, die in ihrem Überlebenskampf erhebliche Teile ihrer Lebensenergie verbrauchen, beständig anwächst, sammeln sich an allen Ecken und Kanten der europäischen Gesellschaft die politischen Scharlatane und die Propheten des kollektiven Unheils. (Negt, 2013, S. 115)

Ein deutliches Zeichen des Widerstandes gegen die bisherige Finanzpolitik und den Einfluss der Banken auf die Politik setzte die Bewegung „Occupy Wallstreet". Mithilfe sozialer Medien wurden ausgehend von New York 2011 Protestkundgebungen organisiert und Zeltcamps errichtet.

Dramatische Folgen für die Gesellschaft

4.2 Widerstand und Anfeindungen

In der Öffentlichkeit hat sich das Bild von den Bankern durch die Krise verändert. Die Berichterstattung über Banken wurde immer stärker negativ gefärbt, was auch Auswirkungen auf die Art und Weise hat, wie die Menschen Bankern gegenüber auftreten (vgl. Breier, 2015). Waren Banker früher hoch angesehen, so änderte sich das mit Ausbruch der Krise schlagartig. Ihnen wurde die Schuld an der Krise angelastet und gleichzeitig mit Blick auf die Bonuszahlungen auch unmoralische Gier. Der Zorn vieler Menschen richtete sich gegen die Banker als vermeintlich Schuldige am großen Crash. Ein trauriger Höhepunkt war die Eröffnung des neuen EZB-Gebäudes in Frankfurt im März 2015. Demonstranten fackelten Autos ab und bewarfen Polizisten mit Steinen (vgl. DiePresse.com, 2015). In der Psychologie wird es Aggressionsverschiebung genannt, wenn man die Aggression nicht auf den eigentlichen Schuldigen richtet, weil man ihn beispielsweise nicht erreichen kann (wie „das

Warum es so wichtig ist, einen Schuldigen zu finden

Finanzsystem" als solches eben nicht greifbar ist), und stattdessen gegen jemand Erreichbaren (wie einzelne Banker auf dem Weg zur Arbeit) vorgeht (vgl. Bauer, 2011, S. 76f). Das Belohnungszentrum im Gehirn kann aktiviert werden und Menschen können sogar Freude empfinden, wenn sie Rache ausüben. Auch wenn sie selbst dabei Verluste und Schmerzen erleiden, kann die Befriedigung doch größer sein (vgl. Ariely, 2010, S. 398). Wie empfinden Banker, wenn sie so verbal oder tätlich angegriffen und angefeindet werden? Ein Interviewpartner berichtete, Kollegen aus Frankfurt hätten ihm erzählt, dass sie von ihrer Bank eine Mail bekommen hatten, in der sie aufgefordert wurden, nicht im Anzug ins Büro zu kommen, da sie sonst persönlich Schaden erleiden könnten. Er fand dies sehr bedenklich (vgl. Breier, 2015, S. 64f).

Wie Banker den Sturz vom Olymp verkraften

In den Interviews für meine Masterarbeit berichteten ausnahmslos alle Banker, dass sie im Bekanntenkreis mit Vorwürfen gegen Banker konfrontiert worden seien, die sich aber meist nicht gegen sie persönlich richteten. Die Banker konnten die Vorwürfe zum Teil nachvollziehen, manche Argumente auch teilen. Wenn die Vorwürfe nicht sachlich nachvollziehbar waren oder wenn die Menschen versuchten, ihre Eigenverantwortung auf die Banken abzuwälzen, hörte aber das Verständnis auf. In diesem Zusammenhang nannten die Banker oft das Lehrer-Bashing als Vergleich, das ihrer Meinung nach im Ansatz durchaus berechtigt war, in der vorgebrachten Form allerdings über das Ziel hinausschoss (vgl. Breier, 2015, S. 64f). Interessant für mich als Beobachterin war, dass die Interviewpartner schlagartig in eine depersonalisierte Sprache verfielen, sobald ich das Thema anschnitt. Sie wählten dann Formulierungen wie „man machte … " anstatt wie vorher „ich machte". Wahrscheinlich wollten sie so unbewusst eine Distanz zwischen sich und den Vorwürfen schaffen, denn Vorwürfe, egal ob berechtigt oder nicht, hört niemand gerne, da sie in der Regel als Kritik an der Person an sich aufgefasst werden und den Selbstwert schwächen.

Alexandra, 51, Investmentbanking
Mittlerweile kommt man in eine Verteidigungsrolle, wenn man im Investmentbanking arbeitet, und ich glaube auch, dass sich im Bankwesen die Leute wesentlich weniger mit dem Arbeitgeber identifizieren als früher. Ich war vor einigen Monaten beruflich in den USA und habe einige Top-Banker getroffen. Was mir da aufgefallen ist, das ist wirklich ein Wahnsinn. Wir waren bei diesen Top-Guys, und die empfingen

uns in Outfits, wie sie mein Mann bei der Gartenarbeit trägt. Die hatten Turnschuhe an, einer trug ein schlammfarbenes Sweatshirt mit Flecken. Und da habe ich mir gedacht, die Leute, auch von London weiß ich das, die Leute wollen nicht mehr, dass man auf den ersten Blick erkennt, das ist ein Investmentbanker. Ich glaube, das ist ein Signal, dass keiner sagen will, ich bin ein Banker. Die Amerikaner hatten auch nicht einmal eine Assistentin so wie bei uns, die Kaffee bringt, sondern haben uns selbst gefragt, was wir zum Trinken wollen. Sie sind dann auch selbst in ein Nebenzimmer gegangen und haben uns einen Plastikbecher Wasser gebracht. Ich meine, Kosteneinsparung hin oder her, aber erstens einmal ist es unangenehm, wenn wir allein warten müssen. Zweitens ist es erst Recht eine Kostenverschwendung, wenn ein Top-Banker, der wahrscheinlich 1 Million USD verdient, ein paar Minuten lang Wasser holen geht. Das ist ineffizient.

Aber bei einem anderen Termin haben wir nicht einmal ein Glas Wasser bekommen wegen der Antikorruptions-vorgaben. Sie dürfen nichts geben und nichts nehmen und das geht bis zum Glas Wasser. Da habe ich mir schon gedacht, das ist eine Ausprägung, die grenzwertig ist. Wenn die Gäste mit der selbst mitgebrachten Wasserflasche dasitzen müssen beim Termin. Da habe ich mir wirklich gedacht, das ist eine Entwicklung, die mir nicht gefällt. So sehr ich das Thema Governance und Ethik gut finde, aber das sind Übertreibungen, die eine Welt skizzieren, die mir nicht gefällt.

Emil, 43, Devisenhändler

Dadurch, dass ich überhaupt niemanden persönlich kannte, der durch die Finanzkrise Schaden erlitten hat in dieser Zeit, konnte ich einfach nicht so richtig geschockt sein. Das ist irgendwie so, wie wenn man im Fernsehen einen Film mit einem tödlichen Unfall sieht und genau weiß, es ist nur ein Film – dem Schauspieler geht es gut. Dass es aber doch real ist und welche Ausmaße die Finanzkrise hat, ist mir ab dem Zeitpunkt bewusst geworden, als man in der U-Bahn böse angeschaut wurde, wenn man eine Krawatte trug. Viele Kollegen haben damals damit begonnen, in Jeans und Pulli zur Arbeit zu fahren und erst im Büro den Anzug anzuziehen. Ich hatte vor der Wut der Bevölkerung mehr Angst als vor den

Folgen im Markt. Ich habe mich außerdem überhaupt nicht schlecht gefühlt, ein Banker zu sein. Ich war ja sozusagen überhaupt nicht schuld, dass das passiert ist. Also da war kein schlechtes Gewissen o. Ä. Dass die Leute auf der Straße von nun an jeden Banker hassten, hat mir aber schon wehgetan. Der Zustand hat sich nicht verändert – er ist noch da. Wenn mich Leute fragen, was ich arbeite, ist mir das unangenehm zu sagen. Die Leute mögen Banker immer noch nicht. Unlängst hat eine Mutter an der Sandkiste zu meiner Frau gesagt, dass sie niemals mit einem Banker verheiratet sein könnte …

Philipp, 39, Treasury
Der Druck und das Unverständnis der Öffentlichkeit, dem Banker heutzutage ausgesetzt sind, sind schon enorm. Aber das ist politisch auch gewollt. Natürlich ist es nicht förderlich für uns, für die ganze Gesellschaft nicht. Wenn ich mir heute Frankfurt anschaue, wo du als Banker Angst haben musst und angehalten wirst, keinen Anzug anzuziehen, frage ich mich, wo das hinführen soll. Wenn man Gefahr läuft, persönlich Schaden davonzutragen, find ich das gesellschaftlich sehr bedenklich.

4.3   Vertrauensverlust und Stolz

Mit dem Sinken der sozialen Akzeptanz sinkt auch der Stolz

Das Vertrauen in Banker ist auch heute noch gering. Nur 22% der Menschen geben an, ihrem Banker zu vertrauen (vgl. Breier, 2015). Auf die Frage, wen man am wenigsten in seinem Freundeskreis haben möchte, nannten 2008 22% BankerInnen. Nur Prostituierte und Kriminelle waren noch unbeliebter (vgl. Focus, 2008). Diese Ablehnung kann bittere Folgen haben, denn wie ich vorher schon erläutert habe, ist das Motiv „Bindung" für viele Menschen wichtig und soziale Akzeptanz ein menschliches Triebziel (vgl. Bauer, 2011, S. 35).

Die meisten Interviewpartner sagten, dass ihr engster Freundeskreis sich nicht verändert hat, aber dass sie selbst nicht mehr so gerne erzählen, dass sie Banker sind. Einerseits, um sich Vorwürfe zu ersparen, aber auch, weil sie auf sich und ihren Job nicht mehr so stolz sind wie früher. Das Ansehen, das diese Branche vor der

Finanzkrise genossen hat, ist dahin. Ich selbst kann mich noch gut an eine Situation im Herbst 2008 erinnern, etwa einen Monat nach Lehman. Ich saß mit Kollegen im Taxi und der Fahrer erzählte, dass er davor eine junge Frau heimgefahren habe, die gerade ihren Job verloren hatte, weil der Firmeninhaber sich verspekuliert hatte und die Firma nun pleite war. Daraufhin ließ er eine Schimpftirade gegen Banken und die Schurken los, die dort arbeiteten. Ich rutschte währenddessen immer tiefer in meinen Sitz und überlegte fieberhaft, was ich antworten sollte, falls er mich nach meinem Job fragen würde. Zum Glück tat er es nicht.

4.4 Gesunkener Selbstwert

Bedenkt man die identitätsstiftende Funktion der Arbeit und den Einfluss des Stolzes auf die Arbeit und auf den Selbstwert, so erscheint es durchaus möglich, dass Banker die sozialen und psychologischen Folgen der Finanzkrise als Belastung erleben und ihr Selbstwert gesunken ist. In meinen Interviews sagten manche Banker, dass sie allmählich begonnen hätten, an ihren Fähigkeiten zu zweifeln und sich selbst zu hinterfragen.

> Arbeit macht einen nicht unbeträchtlichen Teil der Identität aus

4.5 Selbstmordrate

Die Belastungen, die die Finanzkrise gebracht hat, haben auf Dauer Auswirkungen auf das Wohlbefinden der Betroffenen. Dies kann so weit gehen, dass die körperliche bzw. psychische Gesundheit darunter leidet.

Einige Forscher haben sich mit den Folgen der Finanzkrise auf die Menschen beschäftigt, so z. B. ein Forscherteam rund um Shu-Sen Chang, das einen Artikel über ihre Arbeit im British Medical Journal veröffentlicht hat. Sie untersuchten den Einfluss der Finanzkrise auf die Selbstmordrate mit der Erkenntnis, dass die Selbstmordraten gegenüber dem Zeitraum 2000–2007 ab 2008 teilweise deutlich anstiegen. Der Anstieg war besonders hoch bei Männern in Europa (+4,2%) und in Amerika (+6,4%), v. a. in der Altersgruppen zwischen 15 und 24 Jahren in Europa (+11,7%) bzw. zwischen 45 und 64 Jahren in Amerika (+5,2%). Der Anstieg bei Frauen lag in Amerika bei +2,3%, in Europa gab es gar keine Veränderung. Ein höherer Anstieg der Arbeitslosenzahlen ging mit einem höheren Anstieg der Selbstmordraten einher, besonders deutlich war dies in den neuen EU-Mitgliedstaaten im Vergleich

> Männer im arbeitsfähigen Alter neigen bei Wirtschaftskrisen eher zum Suizid

zum übrigen Europa zu bemerken. Ältere Forschungen zeigen, dass Suizid in Wirtschaftskrisen hauptsächlich von Männern im arbeitsfähigen Alter verübt wird (vgl. Shu-Sen, Stuckler, Yip & Gunnell, 2013).

4.6   Psychosoziale Folgen der Finanzkrise

Wen die Krise besonders betroffen hat

Auch der Berufsverband Österreichischer Psychologen (BÖP) hat 2009 eine Studie in Auftrag gegeben, die sich mit den Folgen für die österreichische Bevölkerung beschäftigt. 41% fühlten sich nicht betroffen, 24% leicht betroffen, aber nicht belastet, und 17% sind beruflich bzw. finanziell häufig direkt betroffen, 18% sind von der Wirtschaftskrise betroffen, fühlen sich machtlos und teilweise belastet. Leicht Betroffene sind vorwiegend Angestellte oder im öffentlichen Dienst Tätige mit höherer Schulbildung. Sie sorgen sich um das Halten des Lebensstandards. Direkt Betroffene haben meist einen Berufs- und Fachschulabschluss, sind berufstätig und im mittleren Alter, blicken sorgenvoll in die Zukunft, ängstigen sich und erleben derzeit Belastungen. Negativ ist für sie das schlechtere Arbeitsklima, stärkerer Druck in der Arbeit, Konkurrenzdruck und drohender Jobverlust. Sie leiden unter Schlafstörungen, negativer Stimmung und Ängsten. Die direkt betroffenen und belasteten Menschen sind oft älter als 50 Jahre und bereits Pensionisten, oftmals mit Pflichtschulabschluss. Die Studie untersuchte auch, welche Form von Unterstützung Arbeitslose und Kurzarbeit leistende Personen in Anspruch nehmen und was sie für prinzipiell hilfreich ansehen.

Welche Unterstützungsmaßnahmen als hilfreich angesehen werden und welche tatsächlich in Anspruch genommen wurden

In Anspruch genommen werden die Unterstützung durch das Arbeitsamt und durch das soziale Umfeld (48%), Weiterbildung (20%), frei erhältliche (20%) und verschreibungspflichtige (17%) Medikamente sowie Homöopathie (15%). Kaum konsumiert werden psychologische Beratung (9%), Massage (8%), Psychotherapie (4%), Lebensberatung (4%) und Coaching (3%), die in etwa genauso oft konsumiert werden wie Esoterikliteratur (3%) und Astrologie (1%).

Prinzipiell für hilfreich halten die Betroffenen Weiterbildung (42%), Lebensberatung (30%), psychologische Beratung (25%), Massage (24%), Homöopathie (21%), Psychotherapie (18%), verschreibungspflichtige (18%) und frei erhältliche (11%) Medikamente, Coaching (11%), Astrologie (3%) und Esoterikliteratur (2%). 19% glauben allerdings auch, dass keine Maßnahme hilfreich ist, obwohl nur 4% gar keine in Anspruch nehmen (vgl. Breier, 2015).

Es ist auffällig, dass abgesehen von Weiterbildung als Qualifizierungsmaßnahme für den Arbeitsmarkt v. a. medikamentöse Hilfe gesucht wird, und psychosoziale Beratung, in welcher Form auch immer, genauso wenig konsumiert wird wie Esoterik und Astrologie. Scheinbar glauben die Menschen zwar, dass psychosoziale Beratung helfen kann, nehmen sie aber (aus welchen Gründen auch immer) nicht in Anspruch. Vielleicht liegt ein Grund dafür in den Kosten, die oftmals gänzlich oder zu einem großen Teil von den Betroffenen selbst zu tragen sind, und weil jede Ausgabe in Krisenzeiten wohl überlegt sein will. Möglicherweise scheitert die Inanspruchnahme von Beratungsleistungen ganz einfach an der finanziellen Leistbarkeit.

Die finanzielle Leistbarkeit als mögliches Hindernis für Hilfe

4.7 Psychische Belastungen durch die Arbeit

Eine weitere Studie ließ das Österreichische Institut für Wirtschaftsforschung (WIFO) durchführen, die die psychische Belastung durch die Arbeit und ihre Folgen untersucht. Die Studie bestätigt negative Auswirkungen von Stress am Arbeitsplatz auf die Gesundheit, wenn hohe Anforderungen und Druck herrschen und der persönliche Gestaltungsspielraum gleichzeitig gering ist (vgl. Biffl et al. 2011, S. 140).

» Obschon die Gesundheit durch das subjektive Empfinden der Sinnhaftigkeit der Arbeit und der eigenen Lebensgestaltung sowie durch die Zufriedenheit mit den persönlichen Beziehungen positiv beeinflusst wird, können die negativen Effekte, die aus psychischen Belastungen in der Arbeitswelt resultieren, nicht kompensiert werden. Das bedeutet, dass die berufsgruppenspezifische unterschiedliche Struktur der Belastung durch ein positives privates Umfeld nur geringfügig beeinflusst werden kann. (Biffl et al., 2011, S. 145)

Die Auswirkungen der Arbeit auf die psychische Gesundheit

Ein depressogenes, also Depressionen förderndes, Arbeitsumfeld kann neben physischen Symptomen auch zu psychischen bzw. psychosomatischen Krankheiten führen. Schuldgefühle, Wut, das chronische Gefühl, nicht verstanden zu werden, und der Verlust der Selbstachtung sind mögliche Folgen (vgl. Flach, 2001, S. 214f).

Wie meine Forschungsarbeit ergab, hatte die Finanzkrise viele Auswirkungen für die Banker. Das betraf in erster Linie die Arbeitsinhalte an sich, aber daneben auch die persönliche Einstellung und das persönliche Empfinden der Situation, doch dazu später mehr.

4.8   Salutogenese

Warum Krisen manchen Menschen nichts anhaben können

Die meisten Studien untersuchten die (negativen) Auswirkungen, die wir alle in irgendeiner Form und unterschiedlicher Intensität zu spüren bekommen haben. Jedoch leiden nicht alle Menschen darunter. Warum ist das so? Wie sehr Menschen von Belastungen betroffen sind, wie sie damit umgehen und wie das ihre Gesundheit beeinflusst, ist ein sehr spannendes Forschungsfeld, dem man sich aus mehreren Richtungen nähern kann. In meiner Masterarbeit habe ich hierfür das Konzept der Salutogenese gewählt, weil ich den positiven, auf die Gesundheit gerichteten Zugang als Mentaltrainerin sehr schätze.

Salutogenese

„Salutogenese" ist eine Wortschöpfung aus den Wörtern „salus" (lat.: Wohlergehen, Wohlbefinden, Gesundheit, Heil) und „genesis" (griech.: Zeugung, Schöpfung, Entstehung). Das Konzept der Salutogenese wurde vom amerikanischen Medizinsoziologen Aaron Antonovsky entwickelt. Salutogenese stellt die Frage, wie es manche Leute schaffen, trotz eines schwierigen Umfeldes gesund zu bleiben, während andere Leute krank werden. Salutogenese bildet den Gegensatz zur Pathogenese, also der Orientierung an der Krankheit.

Auf die innere Einstellung kommt es an

In meiner Masterarbeit stellte ich die Frage: „Wie schaffen es manche Treasury-MitarbeiterInnen die Finanzkrise gut zu überstehen, während andere dadurch erkranken?". Mittlerweile bin ich davon überzeugt, dass die Antwort in der inneren Einstellung gegenüber Schwierigkeiten steckt, in den erworbenen Fähigkeiten, mit ihnen klarzukommen, und in der Zuversicht, das auch zu schaffen. Dies gilt für kleinere Schwierigkeiten, aber ganz besonders für Krisen, darum möchte ich Ihnen das Konzept der Salutogenese hier näher vorstellen.

❓ Aaron Antonovsky war ein amerikanischer Medizinsoziologe, der sich mit den Auswirkungen schwieriger Situationen auf die Gesundheit der Menschen beschäftigte. Er wuchs in den USA auf und emigrierte mit seiner Frau später nach Israel. Dort forschte er im Zuge einer Studie über Frauen, welche die Konzentrationslager des Zweiten Weltkriegs überlebt hatten. Ihm fiel auf, dass trotz all der Gräuel, die sie erlebt hatten, überraschenderweise fast ein Drittel von ihnen, nämlich 29%

der Frauen, trotz allem bei guter psychischer Gesundheit war (vgl. Antonovsky, 1997, S. 15). Dies weckte sein Interesse und er entwickelte die Idee, seine Forschungen darauf zu konzentrieren, was diese Frauen von den anderen 71% unterschied und ob etwas in ihrer inneren Einstellung und ihrem Verhalten dafür verantwortlich war, denn die äußeren Umstände waren es auf den ersten Blick nicht. Auch die Schriften von Victor Frankl, der ebenfalls die Zeit in mehreren Konzentrationslagern überlebt hatte und davon in seinen Büchern berichtete, inspirierten Antonovsky (vgl. Antonovsky, 1997, S. 35). Er entwickelte aus diesen Forschungen heraus das Modell der Salutogenese.

4.8.1 Die Grundsätze der Salutogenese

In der westlichen Welt herrscht das pathogene, das bedeutet, an der Krankheit und ihren Symptomen orientierte System vor. Dieses ist sehr problemfixiert, denken Sie nur einmal daran, wenn Sie zum Arzt gehen. Die erste Frage lautet meistens „Was fehlt Ihnen denn?". Kaum ein Arzt, der fragt „Was ist denn in Ordnung?". Diese Einstellung ist auch nicht verwunderlich, schließlich sind Ärzte in unserer westlichen Gesellschaft dazu da, kranke Menschen gesund zu machen. Anders ist das beispielsweise in China, wo Ärzte dafür bezahlt werden, dass die Menschen in ihrem Sprengel gesund bleiben. Hier liegt der Fokus also auf der Gesunderhaltung und der Gesundheitsförderung, nicht auf der Krankheit, die es zu beheben gilt. Auch in der Prävention liegt der Fokus auf der Krankheit, die verhindert werden soll, weswegen Prävention als pathogen orientiert gilt (vgl. Lüdicke, 2012, S. 8).

> Die westliche Gesellschaft ist defizitorientiert

Bezeichnend ist auch unser dichotomes Denken, das heißt das Denken in Extremen. Entweder gesund oder krank, entweder schwarz oder weiß. Sie mögen vielleicht einwenden, ein bisschen schwanger gibt es nicht, und das stimmt. Trotzdem ist dazwischen noch viel mehr. Man kann im Rollstuhl sitzen, aber ansonsten bei bester Gesundheit sein. Man kann Kopfweh haben, aber beste Blutwerte. In der Salutogenese spricht man deshalb von einem Gesundheits-Krankheits-Kontinuum, das Sie sich als waagerechte Linie vorstellen können. Auf der einen Seite ist der Krankheitspol, auf der anderen der Gesundheitspol. Wir befinden uns, solange wir leben, immer irgendwo dazwischen, einmal ein bisschen mehr in Richtung Krankheit, meistens hoffentlich mehr in Richtung Gesundheit. Absolut gesund zu sein ist unmöglich, absolut krank würde bedeuten, dass man tot ist. Das Wichtige ist,

> Das Spektrum hat mehr zu bieten als nur schwarz und weiß

dass sich der Zustand dazwischen jederzeit verändern kann, und das ist eine Nachricht, die alle Optimisten positiv stimmt, aber all jene, die das Glas halb leer sehen, nur auf das nächste Wehwehchen warten lässt.

Antonovsky wollte herausfinden, warum manche Menschen mehr zum Gesundheitspol, andere hingegen mehr zum Krankheitspol tendieren. Dafür hielt er es für notwendig, den Menschen ganzheitlich mitsamt seiner Vorgeschichte (nicht nur der medizinischen, sondern auch seiner Biografie) und seiner Lebensumstände zu betrachten (vgl. Antonovsky, 1997, S. 27ff). Er erkannte, dass es mehrere Dinge sind, die darüber entscheiden, wo auf dem Gesundheits-Krankheits-Kontinuum man sich befindet, nämlich die Stressoren, denen man ausgesetzt ist, die generalisierten Widerstandsressourcen, die man besitzt, und das Kohärenzgefühl. Auf diese Punkte gehe ich gleich genauer ein, aber zuerst lassen Sie mich einmal definieren, was mit Gesundheit eigentlich gemeint ist.

> **Der Mensch sollte vor dem Hintergrund seiner Biografie und mitsamt seiner aktuellen Lebensumstände betrachtet werden**

Gesundheit und Gesundheitsförderung

Die Weltgesundheitsorganisation definiert Gesundheit und Gesundheitsförderung wie folgt: „Der Besitz des bestmöglichen Gesundheitszustandes bildet eines der Grundrechte jedes menschlichen Wesens, ohne Unterschied der Rasse, der Religion, der politischen Anschauung und der wirtschaftlichen oder sozialen Stellung." (WHO, 1946)
Die Gesundheit ist ein Zustand des vollständigen körperlichen, geistigen und sozialen Wohlergehens und nicht nur das Fehlen von Krankheit oder Gebrechen.
„Gesundheitsförderung zielt auf einen Prozess, allen Menschen ein höheres Maß an Selbstbestimmung über ihre Gesundheit zu ermöglichen und sie damit zur Stärkung ihrer Gesundheit zu befähigen. Um ein umfassendes körperliches, seelisches und soziales Wohlbefinden zu erlangen, ist es notwendig, dass sowohl Einzelne als auch Gruppen ihre Bedürfnisse befriedigen, ihre Wünsche und Hoffnungen wahrnehmen und verwirklichen sowie ihre Umwelt meistern bzw. verändern können." (WHO Ottawa-Charta, 1986)
Gesundheitsförderung entspricht dem Konzept der Salutogenese, da sie die Gesundheit im Fokus hat, während die Prävention auf die Krankheit schaut, die verhindert werden soll.

Im Modell der Salutogenese beeinflussen Generalisierte Widerstandsressourcen und Lebenserfahrung das Kohärenzgefühl, das seinerseits die Generalisierten Widerstandsressourcen beeinflusst. Das Auftreten eines Stressors erzeugt einen Spannungszustand. Gelingt die Spannungsbewältigung, tendiert man mehr in Richtung Gesundheit, gelingt sie jedoch nicht, bewegt man sich auf dem Gesundheits-Krankheits-Kontinuum in Richtung Krankheit (vgl. Bengel et al., 2001, S. 36). Wenn man es schafft, den Stress abzubauen, erreicht man einen ausgeglichenen Zustand, auch Homöostase genannt.

» Wenn die Spannung trotz all unserer Bemühungen weiterbesteht, transformiert sie sich in krankmachenden Stress. Nicht die Summe der Stressoren per se ist pathogen, sondern die Unfähigkeit, Spannung zu lösen und ihre Transformation in Stress zu verhindern. (Antonovsky, 1991, S. 118)

Spannungsbewältigung als Schlüssel zur Gesundheit

Stressoren

In unser aller Leben sind Stressoren (GRD: general resistance deficits) allgegenwärtig. Das Wort „Stress" wurde dem Sprachschatz der Physik entnommen und bedeutet Spannung. Ein Stressor ist somit ein Reiz, der Spannung erzeugt, die positiv oder negativ für uns sein kann.

Stress ist per se nicht schlecht. Denken Sie beispielsweise an Situationen, in denen Sie in freudiger Erwartung eines Ereignisses waren. Vielleicht haben Sie Geburtstag gehabt und sich schon auf die Party und die Geschenke gefreut, haben einen Preis oder eine Auszeichnung gewonnen oder einer Verabredung entgegengefiebert. Sie haben in diesen Situationen vermutlich eine innere Anspannung und Aufregung wahrgenommen. Das war Stress, auch wenn Sie ihn als positiv erlebt haben. Man bezeichnet ihn dann als Eu-Stress. Sie kennen sicher auch unangenehmen, als negativ erlebten Stress. Beispielsweise falls Sie in der Schule ermahnt wurden, ein Strafmandat kassierten, unter Zeitdruck standen und nicht wussten, wie sie alles termingerecht schaffen sollten, oder gerade verlassen wurden. Diesen Stress nennt man Di-Stress und auch er ist körperlich deutlich zu spüren. Sie haben es vielleicht auch schon erlebt, dass sich Stress nicht immer gleich anfühlt, auch wenn die Rahmenbedingungen gleich sind. Das erste Mal eine Präsentation oder Rede vor vielen Leuten zu halten, ist oft sehr unangenehm. Beim zehnten Mal hat man sich daran bereits

Vom Guten und Schlechten des Stresses

etwas gewöhnt, beim hundertsten Mal erlebt man den Stress möglicherweise schon als motivierend. Der Unterschied ist, wie man dem Stress gegenübersteht und mit ihm umgeht, also die individuelle Fähigkeit der Stressverarbeitung.

» Die Konfrontation mit einem Stressor, so nahm ich an, resultiert in einen Spannungszustand, mit dem man umgehen muss. Ob das Ergebnis pathologisch sein wird, neutral oder gesund, hängt von der Angemessenheit der Spannungsverarbeitung ab. Damit wird die Untersuchung der Faktoren, die die Verarbeitung von Spannung determinieren, zur Schlüsselfrage der Gesundheitswissenschaften. (Antonovsky, 1997, S. 16)

Stress ist auf Dauer nicht gesund für unseren Körper, er erschöpft uns, zehrt an unseren Energiereserven und hat sogar „starken Einfluss auf die epigenetisch gesteuerte Verwendung unserer Gene" (Hengstschläger, 2012, S. 89). Epigenetik bedeutet, dass vorhandene Gene durch Umwelteinflüsse und Erlebnisse aktiviert werden können. Bei Stress während der Schwangerschaft sind Stresshormone im Blut der Mutter feststellbar, die das Stressverarbeitungssystem des Kindes beeinflussen, was die Anfälligkeit für die Entwicklung psychischer Erkrankungen beim Kind nachweislich erhöht (vgl. FAZ, 2015).

Meine Interviewpartner beschrieben ihre Jobs teilweise als sehr stressig, aber in einem positiven Sinn. Sie empfanden den Stress als belebend. Trotzdem fordert Stress seinen Tribut, v. a. negativer Stress. Wir sind schlichtweg nicht dafür gebaut, einen Spannungszustand über längere Zeit auszuhalten, und deshalb ist es wichtig für unsere psychische und physische Gesundheit, die Spannung abzubauen. Viele Menschen, die an Burn-Out leiden, haben über lange Zeit die Signale ihres Körpers überhört und sich erhöhtem Stress ausgesetzt, ohne die Spannung abzubauen. Stresshormone verschwinden leider nicht aus dem Blut, wenn man sich auf die Couch legt. Es ist ein Trugschluss, dass Nichtstun Erholung bringt, denn die Stresshormone werden nur durch körperliche Betätigung abgebaut. Darum ist es für Burn-Out Patienten wichtig, einfache körperliche Aktivitäten wie Spazierengehen in ihren Tagesplan einzubauen. Der Hirnforscher Gerald Hüther sieht die Reaktion des Körpers auf Stress sogar positiv:

Auf die richtige Stressabbautechnik kommt es an

» Wir haben die Stressreaktion nicht deshalb, damit wir krank werden, sondern damit wir uns ändern können. (Hüther, 2012, S. 113f)

Es ist keine Frage, dass die Finanzkrise bei vielen Menschen eine Stressreaktion ausgelöst hat und deswegen auch der Wunsch da war, diese schnellstmöglich zu beenden. Nach Hüther motiviert uns also die Belastung durch die Finanzkrise dazu, Lösungen dafür zu finden.

Die Belastung treibt uns zur Lösungssuche an

» Menschen, ob als Anleger, Konsumenten oder Wähler, halten anhaltende Unsicherheit nur schwer aus. Sie streben nach Erlösung, nach Sicherheit. Entweder die Krise ist vorbei oder sie bedroht die Welt. Dazwischen ist so gut wie kein Platz. Die Politik macht das Spiel mit und versucht, das Bedürfnis nach Sicherheit im Unwägbaren durch immer wiederkehrende „Rettung" zu bedienen […]. Die Krise verlangt uns über viele Jahre hinweg eine Reise entlang tödlicher Klippen ab […] und das Ergebnis ist, dass nach all den „Rettungen" irgendwann niemand mehr an Rettung glaubt. (Zeit online, 2011)

4.8.2 Lebensereignisse

Eine besondere Art von Stress sind sog. Lebensereignisse, die im Leben eines jeden Menschen stattfinden und nachhaltige Auswirkungen haben können. Wie weiter vorne schon beschrieben, können sie an sich positiv sein, z. B. eine Geburt oder eine Beförderung, aber auch negativ wie eine schwere Krankheit oder der Verlust des Arbeitsplatzes. So kann eine Beförderung mehr Gehalt bedeuten, die ersehnte Anerkennung bringen und etwas sein, auf das man jahrelang hingearbeitet hat. Ist es dann jedoch soweit, stellt man fest, dass damit viele Überstunden verbunden sind, die Verantwortung für das Unternehmen und die Angestellten steigt, das eigene Familienleben darunter leidet und kaum mehr Zeit zur Entspannung bleibt. Der Verlust des Arbeitsplatzes kann dazu führen, dass man sich den bisherigen Lebensstil nicht mehr leisten kann, vielleicht auch umziehen muss und sich falsche Freunde von einem abwenden. Es kann aber auch der Startschuss zu einem glücklicheren Leben sein, wenn man den Verlust des Arbeitsplatzes als Anlass sieht, sich über die eigene Zukunft Gedanken zu machen, zu hinterfragen, was einen erfüllt und einem Zufriedenheit gibt, was man gut kann und wie man wirklich gerne seine Zeit verbringen würde. So wurden schon einige Zweitkarrieren begonnen, die ohne den äußeren Anlass weiterhin Träume geblieben wären (vgl. Antonovsky, 1997, S. 44). Auch erwünschte Ereignisse, die dann nicht eintreten, können Lebensereignisse sein (vgl. Antonovsky, 1991, S. 115). Denken Sie an unerfüllten Kinderwunsch oder die vergebliche Suche nach dem Traumpartner. Lebensereignisse stellen

Lebensereignisse als Wendepunkte mit weitreichenden Auswirkungen auf jeden Fall eine Veränderung gegenüber dem bisherigen Leben dar. Sie lassen sich auch nicht verhindern, denn sie gehören zum Leben dazu.

Wenn man an die Entwicklungen der Bankbranche denkt, die bisher Tausende Angestellte ihren Job gekostet haben und wo derzeit keine Trendwende erkennbar ist, dann ist klar, dass dies in vielen Fällen Lebensereignisse sind, die weitreichende Auswirkungen auf die Einzelnen haben können. In manchen Fällen führen sie zu Verschlechterungen der Lebenssituation. Ich persönlich kenne aber auch Banker, die (freiwillig und auch unfreiwillig) die Bank verlassen haben und einen erfolgreichen beruflichen Neustart hingelegt haben.

Generalisierte Widerstandsressourcen

„Generalisierte Widerstandsressourcen" (GRR: generalized restistance resources) sind unsere Waffe gegen Stressoren. Sie helfen uns, wieder ein Gleichgewicht herzustellen, und sind deshalb entscheidend für unsere Position auf dem Gesundheits-Krankheits-Kontinuum.

Selbstwert, Liebe und eine starke Identität bilden wichtige Ressourcen

Generalisierte Widerstandsressourcen sind beispielsweise Intelligenz, Selbstwert, ein starkes Identitätsgefühl, Liebe sowie finanzielle und soziale Mittel und Unterstützung, wobei es gar nicht wichtig ist, dass wir diese Mittel selbst besitzen. Wichtig ist zu wissen, wo wir sie herbekommen, wenn wir sie brauchen (vgl. Bengel et al., 2001, S. 34). Banker scheinen, wie bereits beschrieben, vor der Finanzkrise einen hohen Selbstwert (gestärkt auch durch das hohe Ansehen in der Gesellschaft) gehabt zu haben. Manche haben geschildert, dass sie bereits auf Krisenerfahrung zurückblicken konnten. Das gute Teamklima sowie Familie und Freunde beflügelten sie. Finanziell hatten sie die Chance, sich ein Sicherheitspolster aufzubauen. All das sind Generalisierte Widerstandsressourcen, die Banker in der Begegnung mit dem Stressor „Finanzkrise" helfen konnten.

Flexibilität in der Wahl der geeigneten Mittel, um Herausforderungen zu begegnen

Treffen wir nun also auf einen Stressor, so erzeugt das Spannung in uns. Wir suchen nach einer Möglichkeit des Spannungsabbaus und wählen diejenige unserer Widerstandsressourcen, die uns am geeignetsten scheint, mit diesem Stressor fertig zu werden. Da nicht jeder Stressor gleich ist, kann auch nicht jedes Mal dieselbe Widerstandsressource eingesetzt werden. Wir werden nur erfolgreich sein, wenn wir unsere Mittel so wählen, dass sie der Situation und Herausforderung angepasst sind. Menschen, die diese Flexibilität nicht haben, greifen immer auf dieselben Widerstandsressourcen und Verhaltensmuster zurück und scheitern zwangsläufig. Wenn ein Mensch als Kind Toben und Schreien als effektives Mittel entdeckt, seinen Willen durchzusetzen, wird er auch als Erwachsener zu diesem Verhaltensmuster tendieren. Es werden sich aber zwangsläufig Probleme ergeben, wenn Vorgesetzte oder Partner nicht darauf reagieren und Grenzen setzen, indem sie ihm den Job oder die Beziehung kündigen. Im schlechtesten Fall bleibt er stur bei dem, was er kann, ob es nun passt oder nicht, und inszeniert sein Scheitern dadurch immer wieder neu. Im besten Fall lernt der Mensch daraus und wendet beim nächsten Mal ein anderes Verhaltensmuster an. So kann er sich weitere Widerstandsressourcen aneignen und damit die passende Antwort auf neue Herausforderungen finden.

Meine Interviewpartner betonten immer wieder, wie sehr sie die Abwechslung liebten, die ihr Job früher bot, und wieviel Spaß es ihnen prinzipiell macht, auf die täglichen Herausforderungen flexibel und kreativ reagieren zu müssen. Dadurch genießen sie noch mehr den Erfolg, den sie durch ihre Leistung erzielt haben. Einige von ihnen meinten, ein Job, dessen Ablauf täglich gleich sei, wäre für sie unerträglich. Diese Flexibilität und die Freude daran sind wichtige Pluspunkte. Nach dem Konzept der Salutogenese stärken sie dadurch nicht nur ihre Gesundheit, sondern auch ihr Kohärenzgefühl.

4.8.3 Das Kohärenzgefühl

Das Kohärenzgefühl lässt sich auch als allgemeine Lebenseinstellung eines Menschen beschreiben (vgl. Bengel et al., 2001, S. 28). Alle Erfahrungen, die man gemacht hat, der eigene Selbstwert, die Art zu denken, der Optimismus und weitere individuelle, kulturelle und soziale Einflussfaktoren tragen zu dieser Lebenseinstellung bei (vgl. Bengel et al., 2001, S. 144).

> Das Kohärenzgefühl als die grundsätzliche Einstellung zum Leben

> **Kohärenzgefühl**
>
> Das Kohärenzgefühl (engl. Sense of Coherence = SOC) ist
> „[…] eine globale Orientierung, die ausdrückt, in welchem
> Ausmaß man ein durchdringendes, andauerndes und
> dennoch dynamisches Gefühl des Vertrauens hat, dass
> die Stimuli, die sich im Verlauf des Lebens aus der inneren und
> äußeren Umgebung ergeben, strukturiert, vorhersehbar und
> erklärbar sind;
> einem die Ressourcen zur Verfügung stehen, um den
> Anforderungen, die diese Stimuli stellen, zu begegnen;
> diese Anforderungen Herausforderungen sind, die Anstrengung
> und Engagement lohnen." (Antonovsky, 1997, S. 36)

Eltern beeinflussen
durch ihr Verhalten
das Grundvertrauen,
den Selbstwert und die
Erklärungsmuster des Kindes

Der Grundstein für das Kohärenzgefühl wird in der Kindheit gelegt, v. a. durch das Vorbild der Eltern und deren Art, wie sie mit dem Kind umgehen. Das beeinflusst den Selbstwert des Kindes (vgl. Erikson, 1988, S. 49) und seine Erklärungsmuster (vgl. Seligman, 2001, S. 31). Das Grundvertrauen entsteht durch die Spiegelung der Welt durch die Mutter, durch die das Kind über ihr Verhalten eine innere Gewissheit über die Vorhersehbarkeit bekommt (vgl. Antonovksy, 1997, S. 96). Wie das Kind sich selbst negative Ereignisse erklärt, ist das zentrale Steuerelement der erlernten Hilflosigkeit (vgl. Seligman, 2001, S. 31).

Die Erklärungsmuster eines Kindes werden geprägt durch

» [...] die Art der alltäglichen Begründungen, die das Kind von den Erwachsenen hört – besonders von der Mutter. [...] die Art der Kritik, die es zu hören bekommt, wenn es versagt [...] die Realität seiner frühen Verluste und Traumata: Wenn die Dinge wieder gut werden, wird das Kind zu der Überzeugung gelangen, dass negative Ereignisse verändert und überwunden werden können. Sind sie jedoch dauerhaft und allumfassend, wird der Keim der Hoffnungslosigkeit tief eingepflanzt. (Seligman, 2001, S. 214f)

Erlernte Hilflosigkeit

Wenn man glaubt, über keine wirksame Bewältigungsmethode zu verfügen, bezeichnet Martin Seligman, der Begründer der Positiven Psychologie, das als „Erlernte Hilflosigkeit". Man hat dann das Gefühl, dass das eigene Handeln keine Rolle spielt und erlebt das als Selbst-Unwirksamkeit (vgl. Seligman, 2001, S. 31). Die Folgen davon sind Resignation und Aufgabe. Menschen mit einem hohen Kohärenzgefühl sehen Schwierigkeiten eher als Herausforderungen und aktivieren ihre Ressourcen zu Bewältigung. Menschen mit einem niedrigen Kohärenzgefühl neigen dazu, sich schneller überwältigt zu fühlen und aufzugeben.

Erwachsene ändern ihre
Lebenseinstellung meist nur
durch Lebensereignisse

Das Kohärenzgefühl verändert sich bis etwa zum 30. Lebensjahr, danach bleibt es relativ stabil (vgl. Bengel et al., 2001, S. 30f). Es kann dann hauptsächlich nur mehr durch Lebensereignisse verändert werden, wenn altbekannte Handlungsmuster nicht mehr erfolgreich sind und ein Umdenken erfordern würden. Versucht man das eigene Verhalten zu hinterfragen und zu analysieren, welche Glaubenssätze die Leitlinien dafür bilden, kann man weitere Strategien entwickeln, um sein Kohärenzgefühl zu stärken. Der Unterschied zwischen Menschen mit niedrigem Kohärenzgefühl und solchen mit einem hohen vergrößert sich im Laufe der Zeit immer mehr. Das heißt, Menschen, die von Anfang an Stressoren nicht gut begegnen können, machen im Laufe ihres Lebens immer mehr die Erfahrung des Scheiterns, was das Vertrauen in die Lösungsfähigkeit immer mehr erschüttert. Menschen, die Hindernisse erfolgreich überwinden, eignen sich mehr Kompetenzen und Selbstvertrauen an, was ihnen bei zukünftigen Herausforderungen den Rücken stärkt (vgl. Antonovsky, 1997, S. 117).

? Positive Psychologie

Der Psychologe Martin Seligman begründete die Positive Psychologie, die wie die Salutogenese den Fokus auf die Aspekte legt, die gut funktionieren. In diesem Fall wird erforscht, was stärkend auf die Menschen wirkt wie beispielsweise Glück und Optimismus.

Tendenziell kann gesagt werden: Je positiver das Weltbild, das ein Kind vermittelt bekommt, und je mehr Erfahrungen das Kind macht, die diese Ansicht unterstützen, desto höher wird sein Kohärenzgefühl sein. Und je höher das Kohärenzgefühl, desto besser kann die Balance zwischen Stressoren und Widerstandsressourcen gehalten werden (vgl. Lüdicke, 2012, S. 10). Diese Kompetenz ist neben anderen Eigenschaften wie Integrität, Ehrlichkeit, Verantwortlichkeit, Mitgefühl und Liebe etwas, über das Menschen mit einem hohen Selbstwert verfügen (vgl. Satir, 1994, S. 42).

» Wir haben dann das Gefühl, wichtig zu sein und dass die Welt dadurch, dass wir leben, zu einem besseren Ort wird. Wir vertrauen auf unsere Kompetenz. […] Wir strahlen Vertrauen und Hoffnung aus. (Satir, 1994, S. 42)

Eine positive Lebenseinstellung und ein hoher Selbstwert gehen Hand in Hand

Klingt das nicht gut und erstrebenswert? Hier werden die eigene Bedeutsamkeit („wir sind wichtig"), der Sinn des eigenen Lebens („die Welt wird durch uns besser") und Handhabbarkeit („wir vertrauen auf unsere Kompetenz") angesprochen, die Antonovsky als wichtige Komponenten des Kohärenzgefühls definiert hat.

4.8.4 Verstehbarkeit, Handhabbarkeit und Bedeutsamkeit

Das Kohärenzgefühl hat die drei Komponenten „Verstehbarkeit", „Handhabbarkeit (Bewältigbarkeit)" und „Bedeutsamkeit" (vgl. Bengel et al., 2001, S. 29f), deren Wichtigkeit unterschiedlich ist. Die Bedeutsamkeit steht an erster Stelle, denn sie führt zu erhöhtem Engagement, welches erst die Erfahrung ermöglicht, die Dinge zu verstehen. Die Verstehbarkeit ist die Voraussetzung für die Handhabbarkeit, denn nur dadurch kann man abschätzen, ob die zur Bewältigung nötigen Ressourcen vorhanden sind (vgl. Bengel et al., 2001, S. 30).

Man muss ein Problem verstehen, damit man die richtige Bewältigungsmethode wählen kann, um es zu lösen

» Wenn man nicht glaubt, dass einem Ressourcen zur Verfügung stehen, sinkt die Bedeutsamkeit und Copingbemühungen werden schwächer. Erfolgreiches Coping hängt daher vom SOC als Ganzem ab. (Antonovsky, 1997, S. 38)

Wenn jemand ein Problem erfolgreich bewältigt, bestärkt das das Vertrauen, auch in Zukunft Stressoren erfolgreich gegenüberzutreten zu können, wodurch der Glaube an die Handhabbarkeit wächst. Die Wirksamkeit des eigenen Handelns wird bestätigt und dadurch das eigene Weltbild positiv beeinflusst.

Verstehbarkeit (sense of comprehensibility): „Die Welt ist geordnet, strukturiert und nachvollziehbar". Wenn man weiß, wie die Welt funktioniert, weiß man mit ziemlicher Sicherheit, was auf einen zukommt, was ein gewisses Maß an Sicherheit gibt. Typisch dafür ist der Satz: „Die Dinge werden sich schon regeln." (Antonovsky, 1997, S. 35). Verstehbarkeit setzt vorwiegend auf der kognitiven Ebene an (vgl. Bengel et al., 2001, S. 29).

Handhabbarkeit (sense of managability): „Schwierigkeiten können gemeistert werden".

» Ein Mensch, dem diese Überzeugung fehlt, gleicht dem ewigen Pechvogel, der sich immer wieder schrecklichen Ereignissen ausgeliefert sieht, ohne etwas dagegen unternehmen zu können. (Bengel et al., 2001, S. 29).

Die zur Handhabbarkeit nötigen Ressourcen hat man entweder selbst oder andere haben sie und man kann darauf zugreifen (vgl. Bengel et al., 2001, S. 29).

» Uns reicht es schon, wenn wir wissen, dass ein Freund oder eine Freundin, eine Mutter, ein Großvater, einfach irgendjemand, der uns nahe ist, existiert, an uns denkt und alles, was in seiner Macht steht, auch tun wird, um uns zu helfen (Hüther, 2012, S. 53).

Handhabbarkeit ist ein kognitiv-emotionales Verarbeitungsmuster (vgl. Bengel et al., 2001, S. 29).

Ohne Sinn kein Engagement

Bedeutsamkeit (sense of meaningfulness): „Das Leben ist sinnvoll". Mit „sinnvoll" ist in diesem Zusammenhang gemeint, dass man etwas als so wichtig einschätzt, dass man darin Energie investieren möchte (vgl. Antonovsky, 1997, S. 35). Sehr starken Einfluss auf die Motivation haben intrinsische, also in der Person liegende

Faktoren. Extrinsische, also äußere Einflussfaktoren wie z. B. Geld haben kaum eine Auswirkung auf das Kohärenzgefühl. Menschen mit hohem SOC investieren mehr Energie, um Herausforderungen zu bewältigen (vgl. Antonovsky, 1997, S. 36).

Das Kohärenzgefühl als allgemeine Lebenseinstellung ist sehr individuell. Eine Studie von McSherry und Holm zeigt, dass Stress auf Menschen mit niedrigem SOC intensiver wirkt als auf Menschen mit mittlerem oder hohem SOC (vgl. Bengel et al., 2001, S. 47). Außerdem wurde festgestellt, dass sich die Herzfrequenz bei Probanden mit hohem SOC schneller verringert, wenn man ihnen eine Aufgabe stellt, was darauf schließen lässt, dass sie sich schneller einer stressreichen Situation anpassen können (vgl. Schiepe, 2008, S. 63). Ich kenne leider keine Untersuchungen darüber, wie hoch der SOC-Score bei Bankern im Vergleich zu anderen Branchen ist, aber dies wäre sicherlich sehr aufschlussreich zu untersuchen. Wenn ich von den Ergebnissen der zitierten Studie ausgehe, würde ich die Hypothese aufstellen, dass zumindest die von mir interviewten Banker eher einen hohen SOC-Score haben, da sie offenbar mit Stress gut umgehen können, ihn teilweise sogar als motivierend empfinden und sich schnell und flexibel auf neue Situationen einstellen. Vielleicht kommt es aber auch darauf an, in welchem Bereich ein Mitarbeiter in der Bank tätig ist. Studien haben den Zusammenhang zwischen einer optimistischen Grundhaltung und einem hohen Kohärenzgefühl nachgewiesen. Darum ist zu vermuten, dass jemand, der beruflich mehr auf das Aufzeigen von Fehlern und das Einhalten von Regeln fokussiert ist, also beispielsweise im Controlling oder dem Geldwäschebereich arbeitet, eher als pessimistisch eingestuft wird und auch ein niedrigeres Kohärenzgefühl hat als jemand, der im Sales oder in der Produktentwicklung arbeitet und als optimistisch beschrieben wird.

Wenn ein Banker seine Arbeit für bedeutend und sinnvoll hält, versteht, was von ihm erwartet wird und was er zu tun hat und darüber hinaus über die entsprechende Ausstattung des Arbeitsplatzes, Zugang zu den nötigen Informationen und Ressourcen, die Möglichkeit zum Wissenserwerb und genug Zeit zum Bewältigen der Arbeitsmenge verfügt, sind alle Komponenten des Kohärenzgefühls vorhanden und sein SOC-Score sollte dementsprechend hoch sein. Da Geld von den meisten Menschen eine große Bedeutung zugeschrieben wird, ist hier die Bedeutsamkeit auf den ersten Blick gegeben. Wichtig ist aber, ob der jeweilige Banker seinen Job als sinnvoll erlebt, nämlich nicht nur für sich selbst (weshalb Gehalt hier nur bedingt zählt), sondern auch als sinnvoll für die Allgemeinheit. Weil die öffentliche Meinung über Banker sich seit der Finanzkrise verschlechtert hat, könnte das auch negative Auswirkungen auf die Bedeutsamkeit des Jobs haben.

Das Kohärenzgefühl von Bankern

Wenn sich Banker die
Sinnfrage stellen

Meine Interviewpartner haben hier recht unterschiedliche Zugänge. Viele halten ihren Job für wichtig für eine Bank, stellen aber die Frage, ob die Bank selbst sich beispielsweise im Bereich Investmentbanking engagieren sollte. In dieselbe Kerbe schlagen die Befürworter einer Trennbankenlösung, die fordern, dass Banken sich auf ihre primäre Aufgabe der Versorgung und Aufrechterhaltung des Geld- und Wirtschaftskreislaufs besinnen und nicht spekulieren sollen. Die Veränderungen des Jobs selbst haben auch einen Einfluss auf das Erleben von Sinn. Händler, die früher für die Bank einen großen Beitrag zum Gewinn geleistet hatten, können dieser Aufgabe heute zum Teil nicht mehr nachkommen. Das liegt daran, dass manche Banken diesen Bereich eingestellt oder stark reduziert haben, aus den unterschiedlichsten Gründen. Das liegt aber auch daran, dass die Regeln seit 2008 viel strenger geworden sind, sodass der eigene Entscheidungsspielraum sehr klein geworden ist. Für viele Banker ist ihr jetziger Job nicht mehr der Job von früher und seine individuelle Bedeutung für die Banker liegt bei einigen meiner Interviewpartner nur mehr im Sichern eines regelmäßigen Einkommens.

Die Verstehbarkeit ist in Krisensituationen nicht immer gegeben. Manche Banker haben mir berichtet, dass sie einfach nicht nachvollziehen konnten, was in der Finanzkrise ablief. Ich glaube, nicht nur ihnen ging es so, denn wenn die Verantwortlichen, v. a. auch die Politiker und Aufsichtsbehörden, gewusst hätten, wie sich die Dinge entwickeln, hätten sie früher gegensteuern können. Aber genau dieses Übersteigen der persönlichen Bewältigungsmöglichkeiten ist ja etwas Krisentypisches, wodurch auch die Handhabbarkeit zumindest zu Beginn der Krise nicht sichergestellt ist.

Wie die Finanzkrise das
Kohärenzgefühl der Banker
beeinflusst hat

Die Finanzkrise und auch die Veränderungskrise des Finanzsektors ist für manche Banker ein Lebensereignis. Für diejenigen, die ihren Job verloren haben oder bei denen sich der Jobinhalt zum Negativen verändert hat, kann dadurch auch das Kohärenzgefühl verschlechtert worden sein. Der Verlust des Arbeitsplatzes oder ein anderes negatives Lebensereignis führt zu einem signifikanten Abfallen des SOC-Wertes, allerdings stabilisiert dieser sich danach mittelfristig wieder (vgl. Schiepe, 2008, S. 63f). Interessant und auch positiv war für mich bei den Interviews, dass jene Banker sich heutzutage am glücklichsten sehen, die zwar Ereignisse in den vergangenen Jahren als persönliche Krisen beschrieben haben, aber das Ergebnis als schlussendlich gut ansehen. Ihr Kohärenzgefühl hat also nicht nachhaltig gelitten, sondern wurde durch das Überwinden der Krise nach ihrer eigenen Einschätzung sogar gestärkt.

4.9 Kommunikation und Verhalten

In Belastungssituationen greifen Menschen in der Regel auf ihr erprobtes Kommunikations- und Reaktionsmuster zurück. Virginia Satir ist eine Pionierin der Familientherapie, die sich damit intensiv beschäftigt hat und deren Arbeiten die Bedeutung des Selbstwertes hervorheben. Sie spricht von einem kongruenten Verhalten, wenn sich jemand seiner selbst bewusst ist und dementsprechend handelt. Hier sind deutliche Parallelen zum Kohärenzgefühl zu erkennen. Ich möchte Ihnen die vier typischen Kommunikationsmuster kurz vorstellen, die Menschen in angespannten Situationen anwenden, um nicht zurückgewiesen zu werden. Sie werden womöglich dabei sich selbst, aber auch Ihnen bekannte Personen wiedererkennen.

Der Zusammenhang von Selbstwert und Kommunikation in Belastungszeiten

❓ Kommunikationsmuster in Belastungssituationen (vgl. Satir, 1994, S. 121ff)

Beschwichtigen
Beschwichtiger sind typische Ja-Sager, die sich hilf- und selbstlos geben. Sie haben meist einen niedrigen Selbstwert.

Beschuldigen
Angriff ist die beste Verteidigung. Durch einen Gegenangriff erlangen Beschuldiger das Gefühl der Kontrolle und Wichtigkeit der eigenen Person.

Rationalisieren
Dr. Spock ist das Paradebeispiel dieser Spezies. Durch Logik und absolute Sachlichkeit versuchen Rationalisierer, Situationen zu beherrschen, die sie emotional überfordern würden und deshalb bedrohlich sind. In Banken, die ja eher für Fakten und Zahlen als für Gefühle bekannt sind, fühlen sie sich wahrscheinlich wohl.

Ablenken
Wer kennt ihn nicht, den Klassenclown. Ablenker nutzen übertriebenen Humor und wechseln das Thema, wenn es um unangenehme Dinge geht. Sie schauen bewusst weg, wenn es für sie unangenehm wird.

Diese vier Kommunikationsmuster zeigen Möglichkeiten, wie Menschen in Belastungssituationen reagieren können (vgl. Satir, 1994, S. 120). Virginia Satir ist jedoch der Meinung, dass sie kongruentes Verhalten verhindern. Je kongruenter Menschen handeln, desto eher schaffen sie es, solche Muster zu vermeiden und die jeweils für die Situation passende Bewältigungsmethode zu wählen. Mit der Höhe des Kohärenzgefühls steigen auch die Chancen, die passende Bewältigungsmethode zu finden.

4.10   Bewältigungsstrategien

> **Coping**
>
> Coping bezeichnet die Bewältigung einer schwierigen Situation oder Herausforderung. Es gibt verschiedene Bewältigungsstrategien, zu denen Menschen generell tendieren, doch eine einmal gewählte Bewältigungsstrategie lässt sich nicht auf alle Situationen anwenden. Eine gewisse Flexibilität bei der Wahl der jeweiligen Copingmethode scheint angebracht zu sein.

» Wenn wir das SOC-Niveau einer Person kennen, können wir nicht vorhersagen, ob sie in einer gegebenen stresshaften Situation kämpfen, erstarren oder fliehen wird, ob sie sich ruhig verhalten oder ihre Meinung äußern, dominieren oder sich in den Hintergrund verziehen wird [...]. Was aber vorhergesagt werden kann, ist die Qualität des Verhaltens. (Antonovsky, 1997, S. 166)

Bewältigungsstrategien werden oft intuitiv gewählt

Typische Bewältigungs- oder auch Copingstrategien, mit denen Menschen Herausforderungen begegnen, sind: Gegenangriff, Flucht und Sich-Ergeben (vgl. Young & Klosko, 2012, S. 58ff). Diese Strategien wenden Menschen in der Regel intuitiv an, wenn sie einer plötzlichen Bedrohung ausgesetzt sind. Ganz egal, ob es sich dabei um ein wildes Tier, einen Mathematiktest oder eine Diskussion in der Familie handelt. Wenn Sie glauben, gewinnen zu können, werden Sie sich eher auf einen Kampf einlassen. Haben Sie Zweifel an Ihrem Erfolg, sind aber flink, ist Flucht die erfolgversprechendere Lösung. Können Sie aber weder siegreich kämpfen noch schnell laufen, ergeben Sie sich besser und bleiben am Leben, wenn auch nicht unter idealen Bedingungen.

❓ Typische Copingstrategien

Gegenangriff

Gibt es eine Chance auf Erfolg und ist es Ihnen die Sache wert, bietet sich diese Strategie an. Sie wird meist ergriffen, wenn der eigene Status und die Wertigkeit bedroht sind. Der Kampf um den eigenen Arbeitsplatz, den Jobtitel oder die Reputation fällt unter die Copingstrategie Gegenangriff.

Flucht

Durch Flucht kann man der unangenehmen Situation zumindest für eine gewisse Zeit entkommen. Dies kann auch durch eine Flucht in Süchte oder in die Arbeit sein, wodurch

die Wirklichkeit nicht oder nur beschränkt wahrgenommen
wird. Unter Flucht kann z. B. eine berufliche Auszeit in
Form eines Sabbaticals oder einer Bildungskarenz fallen.
Einige Interviewpartner erzählten mir, dass es während
der Finanzkrise zu einem ungewöhnlichen Anstieg an
Elternkarenz gekommen ist. Wenn sowieso ein Babywunsch
besteht, warum soll man ihn nicht vorziehen, wenn es
beruflich gerade nicht gut läuft und die missliche Situation
noch einige Zeit andauern wird? Ein Banker berichtete mir,
dass seine Bank sogar aktiv auf Mitarbeiterinnen zugegangen
ist und sie zu dem Schritt ermutigt hat. Die Kehrseite ist,
dass die Damen (und erfreulicherweise auch immer mehr
Herren) nach der Karenzzeit wieder in den Job zurückkehren
und sogar noch einen stärkeren Arbeitsplatzschutz
genießen. Manche Banker wählten eine andere Form der
Flucht, kündigten und stiegen teilweise überhaupt aus der
Bankbranche aus.

Sich ergeben

Hat man das Gefühl, die Situation nicht bewältigen zu können,
das Gefühl der fehlenden Selbstwirksamkeit, so führt dies
zu Resignation und Aufgabe. Das kann auch Dienst nach
Vorschrift ohne Engagement und emotionalen Rückzug
bedeuten. Die meisten Banker, die ich kenne, entschieden sich
für diese Strategie. Sie haben sich aus den verschiedensten
Gründen entschlossen, nicht aktiv zu werden und in ihrem
bisherigen Job zu bleiben, solange dies eben möglich ist.
Dabei berichteten eigentlich alle meine Interviewpartner, die
diese Variante gewählt haben, dass sie sich emotional vom Job
distanziert haben und ihrem Privatleben nun mehr Bedeutung
schenken.

Der Psychoanalytiker Herbert Will schreibt über Interviews, die mit
Bankern während der Finanzkrise durchgeführt wurden:

» In den Interviews wird deutlich, in welchem Ausmaß die
Akteure sich in ihrer Tätigkeit gefangen fühlen, keinen Ausweg
sehen und meinen, mitmachen zu müssen. Viele sprechen am
Schluss der Interviews von Ausbruchsphantasien (wie dem
Wein- und Olivenanbau in der Toskana). (Will, 2013, S. 171)

Der Journalist Joris Luyendijk, der ab 2011 im Auftrag der Zeitung
Guardian etwa 200 Interviews mit Bankern in London geführt und
diese dann auch in Buchform veröffentlicht hat, berichtet in seinen
Fallbeispielen von den Wünschen vieler Banker, einen anderen,

Der Wunsch auszubrechen ist
weit verbreitet

persönlich sinnvoller erlebten Job zu machen, die allerdings von kaum jemandem (freiwillig) umgesetzt wurden (vgl. Luyendijk, 2015). Auch ich habe in meinen Interviews ähnliche Rückmeldungen bekommen. Erschreckend war es für mich zu erkennen, dass keiner meiner Interviewpartner auch nur ansatzweise das Blitzen in den Augen hatte, wenn er über seinen derzeitigen Job sprach, das er hatte, als er über die Zeit vor der Finanzkrise sprach. Trotzdem üben mehr als die Hälfte von ihnen noch immer einen Job in der Bank aus, wenngleich auch nicht mehr unbedingt denselben. Nur ein geringer Teil meiner Interviewpartner hat es gewagt, die Bankbranche komplett hinter sich zu lassen und beruflich neu zu beginnen bzw. eine längere Auszeit einzulegen. Diese Ex-Banker schienen mir persönlich am glücklichsten mit ihrer aktuellen Lebenssituation zu sein.

Gehen oder bleiben? Die Angst vor der ungewissen Zukunft und die Hoffnung auf Besserung

Es ist nicht leicht, eine Sache aufzugeben, die einem einmal viel Spaß gemacht hat, selbst wenn sie jetzt keinen Spaß mehr macht. Dafür muss man sich zuerst einmal mit der aktuellen Situation auseinandersetzen und analysieren, warum man nicht loslässt. Vielleicht liegt es an der Hoffnung auf Besserung. Dann sollte man überprüfen, wie realistisch diese Hoffnung ist und ob die Eintrittswahrscheinlichkeit die aktuelle Unzufriedenheit rechtfertigt. Möglicherweise liegt es aber auch an der Alternativlosigkeit. Wenn man sich zu alt fühlt oder glaubt, altersbedingt auf dem Arbeitsmarkt keine Chance auf einen neuen Job zu haben, braucht es schon einen großen Leidensdruck oder eine Entscheidung von außen (etwa eine Kündigung), um die Sicherheit eines regelmäßigen Gehalts aufzugeben. Personalberater nennen es den Mikadoeffekt, wenn Mitarbeiter im Job unzufrieden sind und trotzdem daran festhalten. Den Grund sehen sie in der Wirtschaftskrise. Die Unzufriedenheit führt aber oft zu einem Leidensdruck, der sich in Krankheiten und steigenden Burn-out-Zahlen manifestiert. Erst an diesem Tiefpunkt wird ein Jobwechsel von vielen Betroffenen nicht mehr gefürchtet, da eine weitere Verschlechterung unmöglich erscheint, und er deshalb eine Chance auf Verbesserung bietet. Die Personalberater empfehlen, nur dann im Job auszuharren, wenn es noch mindestens einen lohnenswerten positiven Aspekt gibt, wie etwa die Hoffnung auf Besserung. Wenn jemand nur aus Resignation bleibt, hat das ihrer Meinung nach negative Auswirkungen für ihn. Selbstreflexion und Selbstverantwortung sind darum besonders wichtig (vgl. Baierl, 2015).

Doch dies ist leichter gesagt als getan. Es kommt darauf an, wie die Betroffenen die eigenen Gestaltungsmöglichkeiten einschätzen. Menschen mit einem schwachen Kohärenzgefühl sehen sich selbst eher als Verlierer und fügen sich in die Opferrolle, indem sie eigene

Gestaltungsspielräume leugnen. So bleiben sie untätig und halten damit am Status quo fest, aus Angst vor der ungewissen Zukunft (vgl. Radatz & Bartels, 2007, S. 32ff).

Die Angst vor dem Scheitern ist ein großes Hemmnis, wenn es um die Umsetzung von Veränderungen geht. Wie bereits weiter vorne besprochen, hat jeder Mensch eine persönliche Grundeinstellung zum Leben. Entweder eher hoffnungsgeleitet und optimistisch oder eher ängstlich und pessimistisch. Ersteren wird es leichter fallen als Zweiteren, zumindest einen Versuch zu wagen, die gewünschten Ziele zu erreichen. Der Wirtschaftspsychologe Heinrich Wottawa erklärt, dass die ursprüngliche Bedeutung des Wortes „Scheitern" eigentlich heißt „in Stücke brechen". Er betont, dass bei der Beurteilung, ob jemand gescheitert ist oder bloß ein Ziel nicht erreicht hat, immer eine subjektive Wertung vorliegt. So erklärt es sich, dass manche Menschen Misserfolge leicht verkraften, andere hingegen daran verzweifeln (vgl. Wirtschaftsblatt, 2016).

Der individuelle Umgang mit Niederlagen

4.11 Glaubenssätze

Die bisherigen Lebenserfahrungen, die Einstellung zum Leben und was wir über uns selbst denken entscheiden, welche Bewältigungsstrategie wir in schwierigen Situationen wählen. Dabei spielen die Glaubenssätze, die wir von Geburt an verinnerlichen, eine große Rolle, denn gemeinsam mit unseren Werten, Fähigkeiten und Verhaltensweisen bilden sie unsere Identität (vgl. Schütz et al., 2001, S. 83).

> **Glaubenssätze**
>
> Glaubenssätze sind „[…] Ursachen für unterschiedliche menschliche Verhaltensweisen und Fähigkeiten, welche nicht genetisch determiniert oder unmittelbar umweltbedingt sind. […] Werte sind eine spezielle Kategorie von Glaubenssätzen. Es sind die Glaubenssätze, die man darüber hat, warum etwas wichtig und lohnenswert ist". (Schütz et al., 2001, S. 82)

Glaubenssätze sind sehr starke Antreiber, im Guten wie im Schlechten. Wenn jemand den Glaubenssatz „ich kann alles schaffen, wenn ich nur wirklich will" verinnerlicht hat, ist aufgeben und resignieren für ihn keine Option. Das kann ihm in Krisenzeiten helfen, schnell wieder auf die Beine zu kommen. Der Glaubenssatz „Alles kommt, wie es kommen muss, das kann man nicht beeinflussen" gibt die Verantwortung für die Geschehnisse an die Gesellschaft ab. Wenn

Glaubenssätze als Antrieb und Blockade

man den Lauf der Dinge nicht beeinflussen kann, wozu also eine Entscheidung treffen?

❓ Glaubenssätze gelten als Lebensfallen, denn sie sind ein „[…] Muster, das in der Kindheit entsteht und sich während des ganzen Lebens eines Menschen immer wieder manifestiert." (Young & Klosko, 2012, S. 17). Die kognitive Psychologie bezeichnet Glaubenssätze als Schemata, die von großer Bedeutung für unser Selbstgefühl sind.
„Gäben wir den Glauben an ein Schema auf, würden wir die Sicherheit opfern, zu wissen, wer wir sind und wie die Welt beschaffen ist. Deshalb halten wir daran fest, auch wenn uns dies Schmerzen bereitet. Die früh entstandenen Überzeugungen vermitteln uns ein Gefühl der Voraussehbarkeit und Sicherheit; sie sind angenehm vertraut." (Young & Klosko, 2012, S. 22)

ℹ️ **Was glauben Sie?**
Versuchen Sie, Ihre eigenen Glaubenssätze zu enttarnen. Was sind Sätze oder Lebensweisheiten, die Sie immer wieder sagen? Standardfloskeln, die Ihnen automatisch in bestimmten Situationen über die Lippen kommen. Wenn Ihnen jetzt ein paar Sätze einfallen, schreiben Sie sie nieder. Denken Sie in einem zweiten Schritt einmal darüber nach, woher Sie diese Sätze haben. Wahrscheinlich haben Sie einige schon als Kind von Ihren Eltern gehört und übernommen, manche vielleicht erst im Laufe des Lebens verinnerlicht. Im dritten Schritt reflektieren Sie einmal kritisch, ob Sie diesen Aussagen wirklich zustimmen. Vielleicht hat Ihnen da jemand einen Floh ins Ohr gesetzt und wenn Sie genauer über die Sache nachdenken, kommen Sie eigentlich zu einer anderen Meinung. Dann wäre jetzt der Zeitpunkt gekommen, den Glaubenssatz neu zu formulieren oder ihn gänzlich zu streichen.
Als Viertes identifizieren Sie die Glaubenssätze, aus denen heraus immer wieder Probleme für Sie entstehen. Wenn Sie z. B. den Glaubenssatz „Ich muss immer perfekt sein" haben, sie aber vor lauter Anstrengungen am Ende Ihrer Kräfte sind, lohnt es sich, das kleine Wort „nicht" einzubauen, Ihnen zuliebe. Dabei hilft es Ihnen vielleicht, daran zu denken, welche Folgen Sie erwarten, wenn Sie den Glaubenssatz anwenden und dann überprüfen, ob diese Folgen tatsächlich eintreten. Wenn Sie denken, „Wenn ich perfekt bin, bekomme

ich Anerkennung von anderen", gehen Sie mal gedanklich durch, ob sie diese Anerkennung in der Vergangenheit tatsächlich immer bekommen haben. Und falls nicht, gab es vielleicht Situationen, in denen Sie Anerkennung bekommen haben für etwas, was nicht perfekt war? Bekommen andere Leute Anerkennung für nicht perfekte Leistungen? Wenn ja, wieso glauben Sie, dass das für Sie nicht auch gilt? Erhalten Sie neben Anerkennung auch andere Reaktionen, Neid etwa? Wie ließe sich das verhindern?

Als Fünftes überlegen Sie, ob es bei den Glaubenssätzen mit negativen Auswirkungen auch positive Auswirkungen gibt. Wenn ja, dann spielen Sie bei der Formulierung des Glaubenssatzes ein bisschen herum, bis Sie ihn so gestaltet haben, dass er die positiven Aspekte weiterhin dabeihat, aber die negativen vermieden oder zumindest abgeschwächt werden.

Zum Schluss fragen Sie sich, was Sie gerne mehr in Ihrem Leben hätten, und formulieren Sie einen Glaubenssatz, der zu dieser Zielerreichung beitragen kann. Das hat weniger mit dem Wunsch ans Universum zu tun als vielmehr mit der fokussierten Ausrichtung der Gedanken, wodurch Ihre Ziele klarer, greifbarer und deshalb eher erreichbar werden.

Bei der Selbstbeschreibung der Banker ist auffällig, dass sie sehr gerne Verantwortung übernehmen und Mut zu Entscheidungen haben. Was sie gar nicht mögen, sind Fremdbestimmung und geringe Handlungsspielräume. Ohne dies genauer untersucht zu haben, würde ich deshalb unterstellen, dass ihre Glaubenssätze in die Richtung gehen, dass sie ihr Schicksal aktiv beeinflussen können, etwa „Ich habe es in der Hand", „Ich bin meines eigenen Glückes Schmied", „Aus Fehlern wird man klug", „Es gibt immer einen Weg" und „Aufgegeben wird nur ein Brief". Dies ist eine Haltung, die bei der Bewältigung einer Krise sehr hilfreich ist.

Positive Glaubenssätze als Basis einer optimistischen Lebenseinstellung

Zeyringer schreibt in seinem Buch von der These, „dass eine stabile Persönlichkeit die Voraussetzung für den verantwortungsvollen Umgang mit hohen Geldsummen und Reichtum ist." (Zeyringer, 2015, S. 206). Eine Person mit einem hohen Kohärenzgefühl wird wohl von anderen als eine stabile Persönlichkeit beschrieben werden, die nichts so schnell aus der Bahn wirft. So gesehen wäre es wünschenswert, wenn diese Eigenschaft auf Banker zuträfe.

ℹ️ Vorbilder

Wir übernehmen unsere Einstellung zum Leben zu einem großen Teil von unseren engsten Bezugspersonen in jungen

Jahren. Das passiert nebenbei und unmerklich, sodass wir diese Überzeugungen auch nicht überprüfen. Wenn Sie der Meinung sind, dass Sie hinsichtlich Ihres Umgangs mit Krisen noch etwas verbessern könnten, suchen Sie sich dafür einfach neue Vorbilder.

Kennen Sie jemanden, den nichts umhauen kann und der auch in turbulenten Zeiten wie ein Fels in der Brandung steht? Jemand, den Sie für seine Gelassenheit und Krisenkompetenz bewundern? Das kann jemand sein, den Sie persönlich kennen, oder auch ein Prominenter. Falls Ihnen keine reale Person einfällt, wie wäre es mit einer fiktiven Figur wie einem Leinwandhelden oder einer Romanfigur? Wie würde z. B. ein Actionheld wie Bruce Willis reagieren, wenn rund um ihn Chaos ausbricht? Sich in einer Ecke verkriechen und weinen? Wohl kaum. Er würde die Lage sondieren, seine Chance suchen und den Stier bei den Hörnern packen.

Wenn Sie nun ihr persönliches Vorbild gefunden haben, holen Sie es in Gedanken zu sich und fragen Sie Ihr Idol, was es an Ihrer Stelle nun tun würde. Borgen Sie sich die positiven, hilfreichen Eigenschaften dieser Person jetzt aus und handeln Sie in ihrem Sinn!

Aus den Interviews mit den Bankern geht hervor, dass diese zwar sehr wohl in Krisenzeiten durchaus manchmal nervös werden, aber dass dieser Zustand beim Großteil von ihnen nicht sehr lange anhält. Es gibt auch Banker, die mit einer Krise nicht gut umgehen können, es nicht schaffen, von einer Phase in die nächste zu kommen und so schlussendlich den Weg aus der Krise zu finden. Sie verharren dann in einem Zustand der Resignation, ziehen sich emotional zurück, werden womöglich zynisch und verhärmt. In meinen Interviews habe ich allerdings niemanden angetroffen, auf den diese Beschreibung zutreffen würde. Es hatten zwar nicht alle die Krise bereits vollständig überwunden, aber der Wille dazu war deutlich erkennbar.

Die meisten der interviewten Banker gewannen nach der ersten Schockphase schnell wieder Ruhe und konzentrierten sich auf die Fakten. Sie beschäftigten sich mit der Gegenwart und suchten sich gezielt Dinge, die funktionieren. Dann überlegten sie sich ein positives Ziel, wo sie hin wollten, und schmiedeten einen Plan, wie sie dort hinkommen würden. Besonders auffällig war, dass sie emotional und intellektuell sehr flexibel sind und wenig Zeit brauchen, sich auf die neue Situation einzustellen. Dadurch sind sie aktiv am Tun und haben auch das Gefühl, die Abläufe wieder unter Kontrolle zu bekommen. Alleine schon das Wissen um die eigene Flexibilität und

Nach dem ersten Schock erfolgt die Ausrichtung der Konzentration auf die Gegenwart und positive Ziele in der Zukunft die Zuversicht, aus jeder Situation auch etwas Positives herausholen zu können, scheint ihnen Selbstvertrauen und Stärke zu geben und sie gleichzeitig zu beruhigen.

ℹ️ In Krisen führen

Was können Sie als Führungskraft in einer Krise tun? Lassen sie uns bei der Beantwortung dieser Frage unterscheiden, ob es sich um eine Krise handelt, die Ihr Unternehmen betrifft, oder um eine Krise, die einen Ihrer Mitarbeiter betrifft.

Geht es um das Unternehmen, dann ist es in erster Linie nötig, dass Sie die Strukturen schaffen, die Ihre Mitarbeiter brauchen, um ihrer Arbeit nachzukommen. Hier helfen Handbücher und Richtlinien, an die man sich halten kann. Sollte es notwendig sein, davon abzuweichen, spricht nichts dagegen, von den Mitarbeitern Lösungsvorschläge einzuholen. Doch eines muss klar sein: Der Chef sind Sie. Sie müssen schlussendlich die Entscheidungen treffen und Sie tragen auch die Verantwortung dafür. In einer Krisensituation ist es wichtig, ruhig zu bleiben. Als Chef geben Sie den anderen am meisten Sicherheit, wenn Sie sie selbst ausstrahlen. Wenn Sie selbst nicht weiterwissen, was durchaus legitim ist, schwindeln Sie Ihre Mitarbeiter darüber nicht an, denn so etwas bemerken diese sofort. Ihre Körpersprache verrät Sie. Wählen Sie Ihre Worte sorgfältig, versuchen Sie Zuversicht auszudrücken, dass diese Hürde überwindbar ist und man gemeinsam daran arbeiten sollte, einen Weg dafür zu finden. Schotten Sie sich nicht ab, sondern bleiben Sie stets der Ansprechpartner für Ihre Mitarbeiter. Wie ich weiter oben geschrieben habe, ist gar nicht so sehr entscheidend, was Sie als Ersthelfer tun, sondern mit welcher Haltung Sie es machen. Legen Sie in Krisenzeiten nicht jedes Wort auf die Waagschale, bedenken Sie, dass jeder eine andere Art hat mit Stress umzugehen und dass Nerven manchmal blank liegen, auch Ihre. Versuchen Sie auf Ihre Intuition zu hören und zu vertrauen und gehen Sie auf Ihre Mitarbeiter ein, was diese in der Situation benötigen. Manchmal ist ein externer Berater gut, um wieder den Wald statt der Bäume zu sehen. Ein Profi ist hier besser geeignet als ein Freund, weil jener der Verschwiegenheitspflicht unterliegt, was im beruflichen Kontext sehr wichtig ist.

Geht es um einen Ihrer Mitarbeiter, der gerade eine akute Krise durchlebt, ist es für Sie insofern etwas leichter, weil Sie nicht direkt persönlich betroffen sind. Manche Führungskräfte sind von solchen Situationen überfordert und versuchen ihnen möglichst schnell zu entkommen, oftmals unter dem Vorwand, qualifiziertere Hilfe zu organisieren. Keine Frage, ein Arzt oder Therapeut ist besser geeignet, wenn Ihr Mitarbeiter z. B. gerade telefonisch informiert wurde, dass ein Familienmitglied einen schweren Unfall erlitten hatte, und deswegen unter Schock steht. Aber Sie sind der erste Ansprechpartner vor Ort und darum derjenige, an dem die Verantwortung in diesem Moment hängt. Auch hier gilt: Seien Sie präsent, richten Sie Ihre Aufmerksamkeit auf das, was der Mitarbeiter jetzt braucht. Halten Sie seine Emotionen aus, indem Sie daran denken, dass Sie ihm dadurch helfen. Bringen Sie ihm ein Glas Wasser, organisieren Sie einen ruhigen Ort (ihr Büro?), an den er sich zurückziehen kann, um nicht unter Beobachtung der gesamten Kollegenschaft zu stehen. Reichen Sie ihm Taschentücher und fragen Sie ihn nach Dingen, die beachtet werden sollten. Wo sind die Kinder, wann haben sie Unterrichtsschluss, wer holt sie ab und kümmert sich um sie? Soll jemand verständigt werden? Gibt es jemanden zu Hause, der helfen kann, wenn der Mitarbeiter später das Büro verlässt? Was wird er dann als Nächstes tun? Fragen Sie, inwiefern Sie ihn unterstützen können. Nehmen Sie Suizidgedanken ernst. Wenn ein selbstverletzendes Verhalten droht, sind Sie verpflichtet, den Rettungsdienst zu rufen, der dann über die weiteren Maßnahmen entscheidet. Vertraulichkeit ist in einer persönlichen Krise oberstes Gebot. Es lässt sich selten verhindern, dass auch andere Mitarbeiter mitbekommen, dass der Kollege gerade eine Krise hat. Es wäre lächerlich, so zu tun, als wäre nichts. Es ist aber völlig selbstverständlich, dass Sie keine Details dazu preisgeben. Dadurch signalisieren Sie nicht nur Respekt und Unterstützung für den betroffenen Mitarbeiter, sondern erarbeiten sich auch das Vertrauen der anderen, die ja selbst einmal in eine ähnliche Situation kommen können.

Wenn Sie abends heimkommen und Ihren Mitarbeiter gut versorgt wissen, schlüpfen Sie bewusst aus der Rolle des Krisen-Ersthelfers. Nehmen Sie eine Dusche und stellen Sie sich vor, wie Sie alles abwaschen, wie Sie sich emotional reinigen. Schlüpfen Sie danach in frische Sachen und tun Sie sich selbst etwas Gutes. Heute haben Sie nicht nur Führungs-qualitäten bewiesen, Sie haben auch etwas Wichtigeres gelebt, nämlich Menschlichkeit. Darauf können Sie stolz sein! Für Ihre emotionale Gesundheit kann es hilfreich sein, die erlebte Situation mit jemand Externem zu besprechen, da jemand aus der Firma aus verschiedenen Gründen oft nicht infrage kommt. Es ist durchaus sinnvoll, wenn Sie sich dafür einen Profi suchen, eventuell einen Berater oder Coach. Mit diesem können Sie die Geschehnisse nochmals reflektieren und aufarbeiten, Ihre eigene Rolle und Ihr Verhalten klären, und daraus Lehren für die Zukunft ziehen. Vor allem aber entlastet ein Gespräch ungemein und ermöglicht einen besseren Abschluss der Geschehnisse.

Nach einem Banküberfall ist es üblich, dass den Bankern psychologische Unterstützung zur Seite gestellt wird. Auch wenn niemand körperlich zu Schaden gekommen ist, kann der Überfall ein traumatisierendes Ereignis sein, das die Bankangestellten in eine Krise stürzt. Es ist interessant, dass eine körperliche Bedrohung gegeben sein muss, damit auf die seelischen Belastungen aufmerksam gemacht wird. Wie meine Interviewpartner beschrieben haben, hat manche von ihnen auch die Finanzkrise geschockt. In meinen Interviews haben einige Banker erzählt, dass sie das Gefühl hatten, hier professionelle Hilfe zu brauchen und sich diese privat organisiert und bezahlt haben. Wir haben am Höhepunkt der Finanzkrise immer wieder vom Freitod bisherig erfolgreicher Banker lesen müssen, die mit ihrem „Versagen", mit Verlusten und dem eventuellen Ende ihrer Karriere nicht klarkamen. Es ist manchmal ein schneller Weg vom „Hero" zum „Zero". Was die genauen Gründe waren, weshalb diese Banker in der Krise diesen Ausweg wählten, kann keiner von uns mit Gewissheit sagen. Es ist auch eine Illusion zu glauben, dass jeder von ihnen durch die richtige Betreuung hätte gerettet werden können.

> Die Bedrohung des seelischen Gleichgewichts sollte man genauso ernstnehmen wie körperliche Beschwerden

Es gibt in Österreich seit Anfang 2013 ein Gesetz, das die Evaluierungen der psychischen Belastungen am Arbeitsplatz vorschreibt. Damit soll personenunabhängig untersucht werden, ob ein Arbeitsplatz das Potenzial in sich trägt, eine Person krank zu machen (und wenn ja, liegt es in der Verantwortung des Arbeitgebers dies abzustellen!).

Wenn man an die Zeit nach 2008 zurückdenkt, als die Filialen von besorgten Kunden gestürmt wurden und die Banker vor Ort alle Emotionen (der Kunden und die eigenen) abfangen mussten, halte ich ein gewisses Belastungspotenzial für gegeben. Vor diesem Hintergrund ist es sehr begrüßenswert, dass auch der Gesetzgeber dem Thema psychischer Gesundheit mehr Aufmerksamkeit zollt. Die rapide steigende Zahl an Erkrankungen, Arbeitsunfähigkeit und Frühpensionierungen, die psychische Ursachen haben, zeigt deutlich, wie wichtig dieser Aspekt ist. In unserer Gesellschaft wird man mit psychischen Problemen leider häufig immer noch stigmatisiert. Obwohl Burn-Out mittlerweile in aller Munde ist, sind Depressionen oder Alkoholabhängigkeit immer noch ein Tabuthema,

> Psychische Erkrankungen wie Depressionen sind auf dem Vormarsch und ein nicht zu negierendes Thema für Wirtschaft, Gesellschaft und Gesetzgeber

Freunde und Familie können in den meisten Fällen helfen; warum aber manchmal doch ein Profi dafür besser ist

wodurch auch der Zugang zu einer Behandlung aus Scham und Angst vor dem Gesichtsverlust erschwert wird.

Besonders erfreulich ist, dass die Banker, die sich professionelle Unterstützung in Krisenzeiten suchten, diese als hilfreich erlebt haben. Ich spreche das Thema hier so offen an, um auch Sie zu ermutigen, sich Hilfe zu suchen, wenn Sie selbst nicht mehr weiterwissen. Diese Hilfe kann in vielen Fällen von Freunden kommen, die Sie gut kennen. Manchmal sind aber gerade diese Menschen zu nahe dran und sehen dann den Wald vor lauter Bäumen nicht. Sie sind normalerweise auch nicht objektiv, weil sie auf Ihrer Seite sind und Sie nicht verletzen wollen. Einiges ist auch gerade vor Freunden zu peinlich, um es mit ihnen zu besprechen. Ich kann Sie nur ermuntern, sich in solchen Fällen an jemanden zu wenden, der es gelernt hat, nicht über Sie zu werten, und der verschwiegen ist. Dessen Ziel es ist, das beste Ergebnis für Sie zu erreichen, und der sich freut, wenn er Sie wieder „los ist", weil das bedeutet, dass er seinen Job gut gemacht hat und Sie nun wieder stark genug sind, den weiteren Weg alleine zu gehen. Dieser Jemand kann ein Psychotherapeut sein, aber es kann auch ein Lebens- und Sozialberater oder ein Coach sein, der Sie in dieser Zeit ein Stück begleitet. Ein Coach kümmert sich dabei eher um die beruflichen Ziele, während ein Lebens- und Sozialberater sich mehr darauf konzentriert, Sie emotional wieder ins Gleichgewicht zu bringen, und Sie unterstützt, Ihr gesamtes Leben neu zu ordnen.

Zusammenfassung Phase 3 „Emotionale Achterbahnfahrt – Mitten in der Krise"

- Dies ist eine emotional sehr abwechslungsreiche und fordernde Phase, die oft als äußerst mühsam erlebt wird.
- Es finden tiefgreifende Veränderungen statt, an die man sich erst gewöhnen muss und die in den Alltag integriert werden müssen. Bei Bankern sind das z. B. geänderte Arbeitsbedingungen und ein Reputationsverlust.
- Den richtigen Umgang mit diesen Veränderungen zu finden ist nicht leicht, da jeder Mensch von Glaubenssätzen und typischen Verhaltensweisen in Belastungssituationen eingeschränkt wird.
- Um gesundheitsschädliche Folgen zu vermeiden, ist Flexibilität bei der Wahl der richtigen Bewältigungsstrategie gefordert.
- Eine positive Lebenseinstellung erleichtert es, die nötigen Ressourcen zu aktivieren.
- Professionelle Betreuung kann dabei helfen, diese Phase schnell und nachhaltig gut zu überwinden.
- Banker hinterfragen den Sinn ihres Jobs und entscheiden sich manchmal für eine Kurskorrektur.

- Ausschlaggebend für den Umgang mit Krisen sind die generelle Lebenseinstellung, die Handhabbarkeit, Vorhersehbarkeit und Bedeutung.
- Vorbilder können Orientierung für eine erfolgreiche Bewältigung bieten.

Was für mich wichtig ist:

_____

_____

_____

_____

_____

Literatur

Antonovsky, A. (1991). *Meine Odyssee als Stressforscher.* Argument-Sonderband, 196, S. 112–130.
Antonovsky, A. (1997). *Salutogenese. Zur Entmystifizierung der Gesundheit.* Deutsche Herausgabe von Alexa Franke. Tübingen: Dgvt.
Antonovsky, A. (1997). *Salutogenese. Zur Entmystifizierung der Gesundheit.* Deutsche Herausgabe von Alexa Franke. Tübingen: Dgvt, S. 96.
Ariely, D. (2010). *Denken hilft zwar, nützt aber nichts. Warum wir immer wieder unvernünftige Entscheidungen treffen.* München: Knaur.
Baierl, S. (01.08.2015). *Wann es für Mitarbeiter Zeit ist, zu gehen.* Kurier Karrieren, S. 2–3.
Bauer, J. (2011). *Schmerzgrenze. Vom Ursprung alltäglicher und globaler Gewalt.* München: Heyne.
Bengel J., Strittmatter R. & Willmann H. (2001). *Was erhält Menschen gesund? Antonovskys Modell der Salutogenese – Diskussionsstand und Stellenwert* (erw. Neuaufl.). Köln: Bundeszentrale für gesundheitliche Aufklärung.
Biffl, G., Faustmann, A., Gabriel, D., Leoni, T., Mayrhuber, C. & Rückert, E. (2011). *Psychische Belastungen der Arbeit und ihre Folgen.* Endbericht. Krems/Wien.
Breier, S. (2015). *Im Epizentrum der Finanzkrise - Bewältigungsstrategien österreichischer BankerInnen.* Masterarbeit. Wien: Sigmund Freud Privat Universität.
DiePresse.com (07.10.2008). *Molterer: Einlagen-Sicherung soll auf 100.000 Euro angehoben werden.* http://diepresse.com/home/wirtschaft/boerse/420595/Molterer_EinlagenwbrSicherung-soll-auf-100000-Euro-angehoben-werden. Zugegriffen 12.06.2016
DiePresse.com (18.03.2015). *„Blockupy"-Demo: Chaostag in Frankfurt.* http://diepresse.com/home/wirtschaft/international/4688012/BlockupyDemo_Chaostag-in-Frankfurt. Zugegriffen 12.06.2016
Erikson, E.H. (1988). *Der vollständige Lebenszyklus* (8. Aufl.). Frankfurt: Suhrkamp.
faz,net (11.08.2015) *Wie das Gehirn die Seele formt.* http://www.faz.net/aktuell/feuilleton/dritte-kultur/bindungsforschung-wie-das-gehirn-die-seele-formt-13733288.html. Zugegriffen 12.06.2016
Flach, F.F. (2011). *Depression als Lebenschance. Seelische Krisen und wie man sie nutzt* (8. Aufl). Reinbek: Rowohlt.
Focus online (12.11.2008) *Investmentbanker so unbeliebt wie Kriminelle.* http://www.focus.de/panorama/welt/umfrage-investmentbanker-so-unbeliebt-wie-kriminelle_aid_348009.html. Zugegriffen 12.06.2016
Hengstschläger, M. (2012). *Die Durchschnittsfalle. Gene, Talente, Chancen.* Salzburg: Ecowin.

Hüther, G. (2012). *Biologie der Angst. Wie aus Streß Gefühle werden* (12. Aufl.). Göttingen: Vandenhoeck & Ruprecht.

Luyendijk, J. (2015). *Unter Bankern. Eine Spezies wird besichtigt.* Stuttgart: Tropen.

Lüdicke, L. (2012). *Antonovskys Modell der Salutogenese. Der Einfluss des Kohärenzgefühls auf die Gesundheit.* Bachelorarbeit. Neubrandenburg: Hochschule Neubrandenburg.

Negt, O. (2013). Der politische Mensch – Demokratie als Lebensform. In: Focke, Kayser & Scheferling (Hrsg.). *Die phantastische Macht des Geldes. Ökonomie und psychoanalytisches Handeln.* Stuttgart: Klett-Cotta, S. 109–128.

Radatz, S. & Bartels, O. (2007). *Leidensweg Beruf .... denn Sie müssen nicht, was Sie tun!.* Wien: Systemisches Management.

Satir, V. (1994). *Kommunikation. Selbstwert. Kongruenz. Konzepte und Perspektiven familientherapeutischer Praxis.* Paderborn: Junfermann.

Schiepe, A. (2008). *Der Einfluss von Lebensereignissen auf die Stabilität des Sense of Coherence.* Dissertation. Berlin: Medizinische Fakultät Charité– Universitätsmedizin Berlin.

Schütz, P., Schneider-Sommer, S., Gross, Jelem, H. & Brandstetter-Halberstadt Y (2001). *Theorie und Praxis der Neuro-Linguistischen Psychotherapie (NLPt). Das wissenschaftliche Fundament für die Europa-Anerkennung von NLPt.* Paderborn: Junfermann.

Seligman, M. (2001). *Pessimisten küsst man nicht* (vollständige Taschenbuchausgabe). München: Knaur.

Shu-Sen, C., Stuckler, D., Yip, P. & Gunnell, D. (2013). Impact of 2008 global economic crisis on suicide: time trend study in 54 countries. *British Medical Journal,* 2013;347:f5239.

WHO (1946). *Definition of Health.* https://www.admin.ch/opc/de/classified-compilation/19460131/201405080000/0.810.1.pdf. Zugegriffen 24.06.2016

WHO (1986). *Ottawa-Charta zur Gesundheitsförderung.* http://www.euro.who.int/__data/assets/pdf_file/0006/129534/Ottawa_Charter_G.pdf?ua=1. Zugegriffen 12.06.2016

Will, H. (2013). Die Kühe melken: Über private Ideologien von Finanzkrise-Akteuren. In Focke, Kayser & Scheferling (Hrsg.). *Die phantastische Macht des Geldes. Ökonomie und psychoanalytisches Handeln.* Stuttgart: Klett-Cotta, S. 159–176.

Wirtschaftsblatt.at (21.01.2016). *Scheitern allein ist kein Kompetenznachweis* http://wirtschaftsblatt.at/home/life/karriere/4908147/Scheitern-allein-ist-kein-Kompetenznachweis. Zugegriffen 12.06.2016

Young J.E. & Klosko, J.S. (2012). *Sein Leben neu erfinden. Wie Sie Lebensfallen meistern. Den Teufelskreis selbstschädigenden Verhaltens durchbrechen ... und sich wieder glücklich fühlen.* Paderborn: Junfermann.

Zeit online (Die Zeit No. 33/201112, 12.08.2011) *Krisenpsychologie: Cool durch die Krise. Bankencrash, Schuldenangst, Börsenchaos: Können wir lernen mit der Gefahr zu leben?* http://www.zeit.de/2011/33/Krisenpsychologie. Zugegriffen 12.06.2016

Zeyringer, J. (2015). *Wie Geld wirkt. Faszination Geld – wie es uns motiviert und antreibt.* Göttingen: Business Verlag.

Phase 4 „Schluss jetzt!"

Der Wendepunkt

Silvia Breier

© Springer-Verlag Berlin Heidelberg 2017
S. Breier, *Die Krisen-Strategien der Banker*,
DOI 10.1007/978-3-662-53377-2_5

Alles hat einmal ein Ende, und auch in Krisen kommt der Punkt, wo es heißt: „Genug ist genug". Nachdem man Bilanz gezogen hat, ist es Zeit, die Ressourcen zu mobilisieren. Der Lebenswille kehrt zurück, man streift die Opferrolle ab und stellt sich mutig dem neuen Leben. Diese Phase ist der Wendepunkt, von nun an geht es bergauf. Doch noch liegt ein Stück Arbeit vor uns.

Für die Bankenwelt bedeutet das einen grundlegenden Wandel, der gerade in Gang ist und die Weichen für die Zukunft stellen soll. Die Veränderungen am Jobmarkt sind enorm. Die Institution Bank wird komplett umstrukturiert, was konkret bedeutet, dass in den nächsten Jahren viele Jobs in dem Bereich wegfallen werden. Die Banker sehen einer ungewissen Zukunft entgegen und schildern in diesem Kapitel, wie es ist, mit der Ungewissheit zu leben, wie es mit ihnen beruflich weitergehen wird. Der Umgang damit erfordert Flexibilität und Veränderungsbereitschaft. Die Bewusstwerdung des endgültigen Abschieds von der Vergangenheit kann dabei eine Trauerreaktion auslösen.

In diesem Stadium der Veränderung, die die Finanzkrise mit sich gebracht hat, kann ein Wertewandel der Gesellschaft beobachtet werden. Das Privatleben wird aufgewertet und Work-Life-Balance zunehmend eingefordert und als Kraftquelle zu einer Ressource für zukünftige Herausforderungen.

Die Akzeptanz des Geschehens als Voraussetzung für den Weg aus der Krise

Krisen fühlen sich niemals gut an, wenn man sie gerade durchlebt. Die Welt gerät aus den Fugen, die Existenz ist bedroht, zumindest in ihrer derzeitigen Form. Aus der Physik kennen wir das erste Newtonsche Gesetz, das besagt, dass ein Körper so lange in seinem Zustand verharrt, bis er durch eine Einwirkung von außen zu einer Veränderung gezwungen wird. So ähnlich ist es im Krisenfall mit unserer Psyche. Wir kämpfen in der Regel gegen die aufgezwungene Veränderung an, wir hadern damit, bis irgendwann der Punkt kommt, an dem wir erkennen, dass Widerstand zwecklos ist. Das ist der Zeitpunkt, wo wir bereit sind zur Kooperation und wir uns an die Bearbeitung der Geschehnisse machen. Wir suchen dann nach einem Weg, sie in unser Leben zu integrieren, was die Akzeptanz der geänderten Realität voraussetzt.

5.1   Resümee

Mitnehmen aus Krisenzeiten, was für die Zukunft hilfreich ist

Im Zuge der Auseinandersetzung mit der Krise können wir ein Resümee daraus ziehen. Besonders hilfreich ist es, wenn wir auch etwas Positives finden, das durch die Krise ermöglicht oder bewusst gemacht wird, und sei es nur unsere eigene Fähigkeit, Widrigkeiten zu ertragen und nicht aufzugeben. Es ist auch gut, wenn wir die Vergangenheit wertschätzen können. So wie bei einer Scheidung, wenn man sich erinnert, dass nicht alles immer schlecht war, sondern es auch Zeiten gab, in denen man dem Partner in Liebe und Wertschätzung verbunden war und gemeinsam schöne Phasen erlebt hat. Durch die Beschäftigung, Anerkennung und Wertschätzung der Vergangenheit ist es auch möglich, diese nun loszulassen und einen Schlussstrich darunter zu ziehen. Danach können wir endlich den Kopf wenden und nach vorne blicken, in die Zukunft, die wir noch gestalten können. Wenn wir den Ballast der Vergangenheit loslassen, haben wir die Hände frei, die Zukunft anzupacken, und dies stellt den Wendepunkt jeder Krise dar.

Michael, 40, Kundenbetreuer
In der Finanzkrise kam irgendwann der Wendepunkt im Markt durch aufhellende Beiträge und Wirtschaftsdaten. Privat kam er nach dem Durchlaufen eines angemessenen Zeitraumes der Trauer und Konsolidierung. Ich wurde von den Erlebnissen geprägt und erzähle Kunden auch heute noch einige Geschichten über die Lehman-Zeit, um ihnen einen Einblick in die damaligen Geschehnisse und in die aktuellen Vorgänge zu geben, denn es ist noch nicht alles überwunden. Die Krise ist noch allgegenwärtig und speziell jetzt in Europa zu spüren (Arbeitslosigkeit, Wirtschaftswachstum etc.).

Martin, 46, Private Banking
Es gab keinen direkten Moment, wo für mich der Wendepunkt kam. Allgemein hat sich langsam eine Veränderung bemerkbar gemacht, dass die Banken sich wieder mehr den Kunden und ihren Bedürfnissen zugewendet haben, und das fand ich sehr wichtig. Diese Phase, in der die Banken sich mit sich beschäftigt haben und ihre Hausaufgaben gemacht haben, war notwendig. So kam es zu einer Art Bereinigung des Marktes. Ich glaube, dass so eine Phase Zeit braucht.

Es ist eine Meisterleistung der menschlichen Psyche, dass wir die Kraft in uns tragen, trotz seelischer Wunden wieder zu genesen und weiterzumachen. Diese Fähigkeit nennt man Resilienz.

Resilienz

Resilienz bezeichnet die Fähigkeit, nach Belastungen wieder in den Ursprungszustand zurückzukehren. Sie wird auch als psychische Widerstandskraft bezeichnet. Im Volksmund sagt man „Stehaufmännchen" dazu.

Warum es sinnvoll sein kann eine Pause einzulegen

Dies ist die Zeit, in der der Lebenswille zurückkehrt, Menschen beginnen sich gegen ihre Opferrolle zu wehren und finden endlich wieder die Kraft aufzustehen. Es ist die Phase, ab der alles wieder leichter geht und wo an deren Ende die Belohnung wartet, einen Sieg errungen zu haben. Das beflügelt zusätzlich, gibt Stärke für zukünftige Problembewältigungen und stellt so eine wichtige Ressource dar. Ich vergleiche das gerne mit einem Boxer, der harte Schläge einstecken muss, taumelt und dann im Ring zu Boden geht. Er könnte nun sofort versuchen sich wieder aufzurappeln, aber wenn er noch benommen und orientierungslos ist, wird er zu wackelig auf den Beinen sein, um dem nächsten Schlag ausweichen zu können, und dann gänzlich k.o. gehen. Da ist es oft sinnvoller, wenn er noch einige Zeit am Boden liegen bleibt und Kraft sammelt, den Schiedsrichter ihn anzählen lässt und erst bei sieben beginnt wieder aufzustehen. Dann steht er bei neun wieder fest auf beiden Beinen und kann sich dem Gegner sicher entgegenstellen, vielleicht sogar durch einen Gegenangriff überraschen und einen Treffer erzielen.

5.2   Ressourcenmobilisierung

Es kommt also auf die Ressourcenmobilisierung an und diese benötigt manchmal etwas Zeit. Wir haben das auch in der Finanzkrise gesehen, als anfangs Ratlosigkeit zu herrschen schien, dann analysiert wurde, was schief gelaufen war, und schlussendlich Schritte getan wurden, damit die Situation unter Kontrolle gebracht werden konnte und Maßnahmen ergriffen wurden, so etwas zukünftig zu verhindern. Die Banker betonten in den Interviews, dass es für die Erfolgschance wichtig ist, sich die Zeit zu nehmen. Für nachhaltige Lösungen braucht es eine sorgfältige Bestandsaufnahme aller zur Verfügung stehenden Mittel. Es muss festgestellt werden, was zur Erreichung des Zielszenarios noch fehlt, und diese Ressourcen müssen organisiert werden.

Nun ist die größte Chance für Helfer, dass die Hilfe auch angenommen wird

Diese Phase bietet auch die größte Chance für Helfer. Die Betroffenen sind so weit, den Leidenszustand beenden zu wollen, und auch in der Lage, Hilfe anzunehmen, wenn sie erkennen, dass diese dafür notwendig ist. Der Zugang zur Hilfe sollte sehr niederschwellig sein

und ich sehe hier große Chancen für das betriebliche Gesundheits-
management, das in vielen Banken schon installiert wurde. Oftmals
gibt es bereits Angebote für Seminare und Kurse zum Thema
Burn-out-Prävention und Stressbewältigung und auch die
Möglichkeit, mit einem Arbeitspsychologen oder Therapeuten zu
sprechen. Diese Präventionsmaßnahmen legen den Fokus aber
wieder auf die Krankheit und den Mangel.

Als Mentaltrainerin wünsche ich mir auch in diesem Rahmen
mehr Angebote, um die seelische Widerstandskraft der Menschen
im Vorfeld zu stärken, ihnen Selbstvertrauen und Zuversicht zu
geben, um Krisen zu bewältigen. Das nötige mentale Rüstzeug kann
jeder brauchen und es auch im Alltag einsetzen, um Dingen gelas-
sener zu begegnen, mehr Lebensfreude zu gewinnen und mit mehr
Selbstverantwortung durchs Leben zu gehen. Ich bin davon überzeugt, dass sich dadurch nicht nur Krankheiten (und damit verbunden viele für den Arbeitgeber kostspielige Krankenstandstage)
verhindern lassen, sondern auch die Motivation der Mitarbeiter
und die Effektivität der Arbeit steigern lassen. Ich hoffe, dass dieses
Potenzial in Zukunft von Personalverantwortlichen und Mitarbeitern vermehrt erkannt wird.

> Sinnvoll ist es, die seelische Widerstandskraft in guten Zeiten zu stärken, um sie in Krisen nützen zu können

Da die Führungsqualität großen Einfluss auf die Gesundheit der
Mitarbeiter hat, legt die betriebliche Gesundheitsförderung einen
Schwerpunkt auf gesunde Führung, was klare Ziele und Kompe-
tenzbereiche, Entscheidungsspielräume für Mitarbeiter und funktionierende Kommunikationsstrukturen im Unternehmen bedeutet.
Dadurch soll die Erkennbarkeit des Sinnes der einzelnen Aufgaben
gewährleistet werden (vgl. Schobel, 2015, S. 8f).

Bevor wir zur letzten Krisenphase kommen, möchte ich noch
auf den Wandel des Bankensektors eingehen. Er passt meiner Einschätzung nach am ehesten in dieses Kapitel des Wendepunktes, da
die Branche gerade dabei ist, sich neu auszurichten, und den Fokus
auf die Zukunft legt, den Neustart aber erst vorbereitet.

5.3   Die aktuelle Krise des Bankensektors

Im Unterschied zu 2008, als die Krise plötzlich ausbrach, ist die
Veränderung der Bankenwelt seit damals langsam und schleichend
vor sich gegangen. Banken leiden unter dem niedrigen Zinsumfeld,
gesunkenen Margen, weniger Kreditnachfrage, Verlusten, Abgaben,
höheren regulatorischen Anforderungen wie Basel III und Ban-
kenunion, der Bankensteuer (vgl. Format.at, 2013) und Rendite-
erwartungen der Aktionäre. Mit der bisherigen Struktur lassen sich
bei vielen Banken keine Erträge mehr erzielen. Der Präsident der

> Die Bankenwelt befindet sich in einem nachhaltigen Veränderungsprozess

deutschen Bundesanstalt für Finanzdienstleistungsaufsicht BaFin sagte Anfang 2016: „Nichts zu tun und zu warten, bis sich das Schreckgespinst Niedrigzinsen verzogen hat, wäre – für einige Institute zumindest – Selbstmord auf Raten", und forderte die Banken auf, sich neue Ertragsquellen zu suchen und die Kosten zu senken (vgl. Wirtschaftsblatt, 2016).

❓ Die Rosskur des Bankensektors

Ein neues Geschäftsmodell ist also gefordert und der Trend geht in Richtung Onlinebanking und standardisierte Produktpalette. Dadurch wird ein Teil der Flexibilität aufgegeben, gewisse Dienstleistungen werden nicht mehr allen Kundengruppen angeboten und dem Kunden wird mehr Eigenverantwortung übergeben. Eine größere Automatisierung und Onlinepräsenz bietet für Kunden auch Vorteile wie geringere Kosten, permanente Verfügbarkeit und bessere Vergleichbarkeit und entspricht dem Zeitgeist der jungen Generation. Nachdem die Akzeptanz von Internet und Smartphones in Deutschland und Österreich sehr hoch ist, wird dies als Konzept der Zukunft gesehen. Banken benötigen dadurch nicht mehr so viel Personal wie bisher und auch der Aufwand für das Betreiben von Filialen kann stark reduziert werden. Was wirtschaftlich logisch klingt, hat aber weitreichende soziale und emotionale Folgen für die betroffenen Mitarbeiter. Die Deutsche Bank verkündete 2015, sie wolle 30 000 Stellen abbauen. Andere Banken tun es ihr gleich. In Europa haben zehn der größten Banken im Zeitraum Juni bis Dezember 2015 angekündigt, 130 000 Arbeitsplätze abzubauen (vgl. Reuters, 2015).
Experten des Wirtschaftsforschungsinstituts sprechen von einer digitalen Revolution und rechnen damit, dass von den derzeit etwa 4 000 Bankfilialen in Österreich in etwa zehn Jahren nur mehr 1 000 existieren werden (vgl. orf.at, 2015). Wie der österreichische Notenbankchef Ewald Nowotny sagte, ist es nicht unrealistisch, dass in den nächsten Jahren ein Drittel der Bankjobs wegfällt, das sind rund 25 000 Mitarbeiter. Der Höhepunkt mit 80 000 Beschäftigten im Jahre 2008 liegt bereits hinter uns (vgl. Trend.at, 2015). Der Trend der vergangenen Jahre wird sich also nicht nur weiter fortsetzen, sondern sogar beschleunigen.
In Österreich sank die Zahl der Händler, die Mitglied der internationalen Händlervereinigung ACI sind, von 2007–2015 um 12,5%. Die Mitarbeiterzahl der Mitglieder des Verbandes Österreichischer Banken und Bankiers ist im selben Zeitraum um 15,9% gesunken.

Die in letzter Zeit angekündigten massiven Mitarbeiterabbaupläne vieler Banken sind letztlich nur ein Schritt in dieser Entwicklung, der eigentlich vorhersehbar war. Er stellt für die betroffenen Banker aber einen Krisenanlass dar, der ihre Existenz bedroht. Wenn ein Krisenanlass nicht plötzlich auftritt, sondern schon lange zu erwarten war, spricht man von einer Veränderungskrise.

Die Bankenkrise als Lebensereignis für einen ganzen Sektor

5.4 Veränderungskrise

> **Veränderungskrise**
>
> Die zweite Form der psychosozialen Krise ist die Veränderungskrise. Anders als bei der traumatischen Krise ist der Anlass einer Veränderungskrise der Eintritt eines erwarteten Ereignisses, das durchaus auch positiv sein kann, wie beispielsweise ein Umzug, eine Hochzeit, die Geburt eines Kindes oder die Pensionierung.

Manche Menschen freuen sich beispielsweise sehnlichst auf den Tag ihrer Pensionierung, wenn sie nicht mehr täglich zur Arbeit fahren müssen und tun und lassen können, was sie wollen. Ist es dann endlich soweit, passiert es aber oft, dass sich das erhoffte Glücksgefühl nicht einstellt. Plötzlich gibt es nichts Sinnvolles mehr zu tun, man fühlt sich einsam, weil das soziale Umfeld fehlt (v. a. wenn Freunde noch berufstätig sind), und unter Umständen entsteht das Gefühl der Wertlosigkeit, v. a. wenn die eigene Identität sehr stark an den Job geknüpft war. Das sind oftmals nur Anpassungsschwierigkeiten an den neuen Lebensabschnitt, die allerdings sehr ernst zu nehmen sind. Die Pensionierung kann auch eine positive Zäsur sein, die man genießt. Ich kenne genügend Pensionisten, die die Welt bereisen, Spaß mit Freunden haben, sich um ihre Enkel kümmern und kaum Zeit für ein Treffen haben. Es gibt aber auch eine nicht geringe Zahl an Menschen, die zumindest für eine gewisse Zeit Probleme haben, sich an die neue Situation zu gewöhnen. Landläufig bezeichnet man das als Pensionsschock und in gewisser Weise fühlt es sich tatsächlich genauso an.

Wenn es schon so schlimm ist, in Pension zu gehen (was sozial anerkannt wird), wie schlimm muss es dann erst sein, arbeitslos zu werden? Wenn die Aussicht gering ist, schnell wieder einen neuen Job zu finden, erhöht das das Krisenpotenzial. In diesem Sinne kann die aktuelle Entwicklung des Bankensektors durchaus eine Veränderungskrise bei den betroffenen Mitarbeitern auslösen.

(Drohende) Arbeitslosigkeit und Pensionierung sind potenzielle Krisenanlässe

? Ablauf einer Veränderungskrise

Die Veränderungskrise beginnt mit der Konfrontation mit dem Krisenanlass. Die Betroffenen stellen fest, dass die ihnen bekannten Handlungsmuster nicht funktionieren und erleben die eigene Hilflosigkeit als belastend. Ihr Selbstvertrauen und das Selbstwertgefühl sinken. Darauf folgt die Mobilisierung zusätzlicher Ressourcen. Gelingt dies, dann haben sie die Krise bewältigt und können wie bei der traumatischen Krise beginnen, das Erlebte nochmals zu bearbeiten und schließlich neu zu beginnen. Gelingt es jedoch nicht, besteht auch hier die Gefahr der Chronifizierung. Man spricht vom Vollbild der Krise (vgl. Sonneck et al., 2012, S. 36f).

5.5   Der Jobmarkt

Die geplanten Abbaupläne im Bankensektor erzeugen Druck und Existenzängste

Durch die vorangegangenen und aktuellen Entwicklungen in der Bankbranche haben bereits zahlreiche Banker ihren Job verloren und viele weitere werden folgen. Dies trifft zum Teil bestens ausgebildete Spezialisten, deren Wissen außerhalb der Branche nicht verwertbar ist. Da allgemein die Arbeitslosigkeit immer weiter steigt, ist es für diese Menschen besonders schwierig, einen neuen Job zu finden. Die Konkurrenz ist sehr groß und nach einer Auszeit hat man kaum mehr eine Chance, wieder in der Branche Fuß zu fassen (vgl. Breier, 2015, S. 62). Das Gehaltsniveau orientiert sich wie auf jedem Markt an Angebot und Nachfrage und ist aufgrund der Schwemme an jobsuchenden Bankern in den vergangenen Jahren massiv gesunken (vgl. Breier, 2015, S. 62). Wenn man Angst um seinen Job hat, ist man normalerweise bereit mehr zu leisten und Verschlechterungen in Kauf zu nehmen, um den Job zu behalten. Einer meiner Interviewpartner stellte die Frage: „Ist es denn eigentlich der Arbeitsdruck, der die Leute nervös macht, oder sind es Existenzängste? Ist sozusagen das Damoklesschwert Arbeitsdruck ersetzt worden durch Existenzangst?" (Breier, 2015, S. 57).

Diese Aussichten sind etwas, das auch dann schon negativ wirken kann, wenn man seinen Job noch hat. Allein schon die Angst vor einem drohenden Arbeitsplatzverlust belastet die Menschen und je länger diese Unsicherheit hinsichtlich der eigenen Zukunft dauert, desto mehr Dauerstress bedeutet das für Geist und Körper.

5.6   Ungewisse Zukunft

Heute sind viele Banker beunruhigt, was ihre Zukunft betrifft. Die Entwicklungen der Branche lassen nichts Gutes für den Einzelnen erwarten und bedrohen die Existenz der Banker. Auch wenn es für den Sektor und das weltweite Finanzsystem notwendig und sinnvoll sein mag, nun „gesundzuschrumpfen", so sind die persönlichen Risiken für die Angestellten in diesem Bereich gravierend. Nicht zuletzt, weil die Arbeit an sich sehr oft stark mit der Identität eines Menschen verknüpft ist.

» Heute wissen wir, dass Arbeit einen Wert an sich besitzt, der einen wesentlichen Faktor der individuellen Identität bildet. Außerdem stellt ein stabiles Arbeitsverhältnis die Basis für eine soziale Integration dar. Arbeit gehört zu jenem Gesamtbild, das wir Lebenssinn nennen. (Zeyringer, 2015, S. 121)

Arbeit gibt dem Leben Sinn

Wenn nun in der Bankbranche alle Zeichen auf Kostenreduktion und Mitarbeiterabbau stehen, fallen Sicherheit und Vorhersehbarkeit weg. Sind die vertrauten Rahmenbedingungen nicht mehr gegeben, dann schürt dies bei vielen Menschen existenzielle Ängste. Diese Ängste sind oft schon da, wenn die entsprechenden Maßnahmen noch gar nicht bekannt und eingeleitet sind. Sie sind auch nicht zwingend nur auf Menschen beschränkt, die keine finanziellen Reserven haben, von denen sie im Falle eines Jobverlustes zehren könnten.

» Auch dort, wo das Leben finanziell abgesichert zu sein scheint, sind Symptome zu beobachten, die auf einen relativen Geldmangel zurückzuführen sind. (Zeyringer, 2015, S. 182)

❓ Money-Sickness-Syndrom
Seit 2006 ist das Money-Sickness-Syndrom bekannt, das die Symptome Bauchschmerzen, Kurzatmigkeit, Stimmungsschwankungen, Schlaf- und Appetitlosigkeit umfasst. Laut einer Studie des Versicherungskonzerns AXA leiden 45% aller Erwachsenen in Großbritannien daran. Die Einkommenshöhe dürfte hierbei keine Rolle spielen, denn die existenziellen Sorgen sind hier nicht vordergründig. Es geht eher darum, dass die Menschen ihre finanziellen Belastungen als herausfordernd erleben und auch für die Zukunft erwarten. (vgl. Zeyringer, 2015, S. 182)

Die Ungewissheit, ob es einen selbst betrifft, wenn ja, wann und in welchem Ausmaß, ist ein Stressfaktor, der über eine längere Phase einmal mehr, einmal weniger präsent, aber immer vorhanden ist. Wenn es Gerüchte oder offizielle Verlautbarungen zu Restrukturierungen und Abbauplänen des eigenen Arbeitgebers gibt, können diese Krisenauslöser sein, die entsprechende Schockreaktionen nach sich ziehen. Besonders begünstigt wird das, wenn die Medien voll sind von Schlagzeilen, die einen Selbstmord der Banken ankündigen (vgl. Wirtschaftsblatt, 12.01.2016). Diese Veränderungen tragen wahrscheinlich dazu bei, dass die Berufszufriedenheit besonders in der Finanzbranche von 88% im Jahr 2010 auf nur mehr 62% im Jahr 2015 massiv gesunken ist (vgl. Allianz, 2016).

Der Wandel der Bankenwelt hat zum Teil gesundheitliche Auswirkungen auf die Mitarbeiter und ist mitunter lebensbedrohend

Die enormen Belastungen, die die Veränderungen mit sich bringen, wurden in einem Artikel über Londoner Banker thematisiert. Der Wandel in der Branche und der Druck überfordern viele Banker. Die gesundheitlichen Auswirkungen reichen von diffusen Symptomen wie Schlafstörungen und Kopfschmerzen bis zu Panikattacken, Depressionen und Suizid. Zwei Drittel der Interviewpartner gaben an, deshalb über einen Jobwechsel nachzudenken. Die Londoner Banken reagieren darauf mit Yogakursen und Beratern für Erste-Hilfe-Kurse bei seelischen Krisen. Es gibt sogar eine gemeinnützige Hilfsorganisation namens „Bank Workers Charity" (vgl. Wirtschaftsblatt, 2016).

5.7   Flexibilität

Vor- und Nachteile der aktuell geforderten Flexibilität

Durch den gestiegenen Kostendruck der letzten Jahre verlangen auch die Arbeitgeber mehr Flexibilität von ihren Mitarbeitern. Diese kann sich auf die Arbeitszeit, den Arbeitsort oder den Aufgabenbereich beziehen und auch eine Weiterbildung bzw. Umschulung erfordern (vgl. Breier, 2015, S. 56). Im heutigen Wirtschaftsleben ist es unüblich geworden, sein Leben lang nur einen Job bzw. einen Arbeitgeber zu haben. Lebenslanges Lernen ist das neue Motto. Die Generationen Y und Z sehen es als Vorteil, flexibel zu sein. Doch wo ein Vorteil, da auch ein Nachteil. So meint der Sozialphilosoph Oskar Negt, dass es wesentlich einfacher sei, ganze Belegschaften aus Renditegründen zu entlassen, wenn diese keine festen Bindungen an ihre Arbeitsstätte haben, als einen Arbeiter, dessen Vorfahren bereits für das Unternehmen tätig waren (vgl. Negt, 2013, S. 112). Umsorgten früher die Unternehmen ihre Angestellten auch außerhalb der Arbeit, indem sie beispielsweise günstige Wohnsiedlungen, Kindergärten und Freizeitvereine für ihre Mitarbeiter anboten und dadurch die Identifikation mit dem Arbeitgeber und das Zugehörigkeitsgefühl stärkten, so wird heutzutage eher eine klare Trennung zwischen Arbeitswelt und Privatsphäre vollzogen.

Doch solcherart zerstörte Bindungen führen auch zu einem gesteigerten Gewaltpotenzial, wenn Menschen keine gesicherte Identität im Innen und einen Ort im Außen haben, wo sie sich verwurzelt fühlen. Sie werden anfälliger für fundamentalistische

Wahrheits- und Sicherheitsversprechungen und so betrifft eine Krise auch leicht das gesamte gesellschaftliche Gefüge (vgl. Negt, 2013, S. 113ff).

5.8 Wertewandel

In Umbruchphasen kommt es immer wieder zu einer Enttraditionalisierung von Werten, Normen und Haltungen (Negt, 2013, S. 113). Für meine Masterarbeit habe ich auch einen Personalverantwortlichen einer Bank und einen Arbeitnehmervertreter interviewt. Obwohl sie in einigen Bereichen entgegengesetzte Meinungen hatten, waren sie sich in dem Punkt einig, dass ein deutlicher Wertewandel feststellbar ist, der nicht nur die jüngere Generation betrifft, sondern sich durch die gesamte Belegschaft, ja sogar die Gesellschaft an sich zieht (vgl. Breier, 2015, S. 60). Berufseinsteiger achten bei der Auswahl ihres Arbeitgebers sehr genau darauf, welche Werte er vertritt. Gerade zum Höhepunkt der Finanzkrise konnte der Personalleiter feststellen, dass die Angestellten mehr Wert auf Sicherheit legten und dafür auch bereit waren, auf einen Teil ihres Gehalts zu verzichten. Die Tendenz ging in Richtung Jobs im öffentlichen Dienst, wo ein vermeintlich höherer Kündigungsschutz gegeben ist. Die Zahl der Blindbewerbungen in der Bank ging spürbar zurück (vgl. Breier, 2015, S. 56).

Ein Wertewandel zieht sich durch die Gesellschaft

5.9 Work-Life-Balance

Das Privatleben, Familie und Freunde werden wieder wichtiger als Karriere und ein hohes Einkommen. Arbeitnehmer verlangen nach mehr Flexibilität, was die Arbeitszeiten und -bedingungen betrifft (vgl. Breier, 2015, S. 57). So sind Homeoffice und verschiedenste Teilzeitvarianten genauso populär wie temporäre Auszeiten wie Sabbaticals und Bildungskarenzen. Zu bemerken ist auch, dass mehr Väter in Kinderkarenz gehen und allgemein die Menschen auf eine größere Ausgewogenheit ihrer Work-Life-Balance achten (vgl. Breier 2015, S. 57). Meine Interviewpartner stellen den Job nun nicht mehr in den Mittelpunkt ihres Lebens, sondern grenzen sich davon ab und räumen dem Privatleben einen höheren Stellenwert ein. Alle Interviewpartner nannten Familie und Freunde als größten Rückhalt und verlagerten ihre Prioritäten in diesen Bereich. Statt nach Perfektionismus zu streben, versuchen sie nun, aus den neuen Bedingungen im Job das Bestmögliche zu machen, ohne dass es negative Auswirkungen auf ihre Gesundheit hat.

Der Fokus verschiebt sich vom Job ins Privatleben

Wie die Zukunftserwartungen aussehen

All diese Veränderungen scheinen nachhaltig zu sein und das Arbeitsfeld der Banken grundlegend umzugestalten. Wie sehen die betroffenen Banker die Entwicklungen ihrer Branche und was erwarten sie von der Zukunft? Alle Interviewpartner für meine Masterthesis haben negative Zukunftserwartungen, was die Bankbranche an sich betrifft, auch wenn sie sich selbst nicht als grundsätzlich pessimistisch beschreiben (vgl. Breier, 2015, S. 70).

Alexandra, 51, Investmentbanking
Ich glaube, dass die nächsten 10–15 Jahre für die Bankbranche speziell in Österreich sehr schwierig werden. Es wird Österreich auf den Kopf fallen, dass die Hausaufgaben nicht gemacht wurden. Ich kann mich erinnern, als ich in der Branche angefangen habe, das war 1987, damals war ich schon bei Seminaren, wo es hieß „Österreich ist overbanked". Und wenn man sich anschaut, was in anderen Staaten wie England oder Schweden in den letzten 20–25 Jahren passiert ist. Die Einwohner pro Bankstelle sind dort um 20% gestiegen, bei uns ca. um 2,5%. Diese ganze Konsolidierung, die Marktbereinigung, die einfach sein muss, die ist bei uns nicht erfolgt. Da hat man die Augen zugemacht oder Rücksicht genommen auf was weiß ich was. Und das schadet uns total, weil wir im internationalen Wettbewerb stehen. Ich sehe auch, dass viele Themen jetzt nicht von heute auf morgen gelöst werden können, sondern auch ihre Zeit brauchen werden. Die ganzen Abwicklungsbanken werden uns eher zehn Jahre als fünf Jahre beschäftigen. Es wird eine Restrukturierung, Konsolidierung und das Verlassen von Feldern geben, die viel Kapital benötigen, und Kapital ist kostbarer geworden. Man geht back to the basics, back to the roots. Was gut ist, ist, dass man das Bankwesen wieder mehr als Kapitalsammelstelle sieht und weniger als Ort zum Zocken. Es gibt auch immer mehr Alternativen zu Banken und es wird noch viel an Disintermediation stattfinden, das bedeutet, dass Banken als Zwischenhändler wegfallen. Banken werden generell unwichtiger werden, weil vieles über das Internet geht. Es werden sich Marktteilnehmer mit Bankgeschäften beschäftigen, die nicht eine traditionelle Bank sind. Google oder andere Internetanbieter sind prädestiniert dafür, dass sie den bestehenden Kundenstock auch verwenden für andere Services, als sie bis jetzt anbieten. Und da gehört Financial

Services definitiv auch dazu. Crowdfunding wird zunehmen, direkt an die Börse zu gehen ohne viele Banken dazwischen wird mehr und mehr kommen. Es werden in verstärktem Ausmaß Transaktionen ohne Banken stattfinden zwischen Käufer und Verkäufer.

Das wirkt sich auf die Anzahl der Leute aus, die in Banken beschäftigt werden. Definitiv gibt es mehr Wettbewerb um Jobs. Alles dauert länger. Ich bemerke, dass manche Leute, die veränderungsbereit sind, die früher innerhalb eines Monats einen neuen Job gehabt haben, nun ein halbes Jahr oder ein dreiviertel Jahr brauchen. Auch weil die Entscheidungsprozesse viel langsamer geworden sind, die Banken weniger neue Leute rekrutieren. Alles ist behäbiger geworden und es sind auch viele interessante Jobs weggefallen.

Der Faktor „Sicherheit des Arbeitsplatzes" hat sich sicher massiv geändert im Bankwesen, das wissen wir alle. Der Faktor „Mensch", also Leute, die mitdenken, ist weniger wichtig geworden. Das ist nicht gut, denn wenn eine Krise ist, dann brauchst du genau die Leute, die wissen, was zu tun ist. Da kannst in keinem Manual nachschauen, „was tue ich, wenn Lehman ist", sondern da braucht es Leute die anpacken, die mitdenken, die wissen, wie das Ganze funktioniert und was zu tun ist. Aber auch die Erfahrung geht verloren. Das hat auch damit zu tun, dass viele erfahrene, ältere Mitarbeiter den Bereich wechseln oder in Frühpension gehen. Aber genau die sind wichtig, weil sie den Durchblick haben, wie das Ganze funktioniert, und die Nerven behalten können.

Aber es ist auch etwas Neues entstanden. Die Arbeitszeiten sind flexibler geworden, das finde ich sehr positiv. Es kommt mir vor, dass in den großen Banken heute Telearbeit, Väterkarenz und flexible Arbeitszeiten viel populärer und akzeptierter sind als vor zehn oder 15 Jahren.

Meiner Meinung nach hat die Krise der letzten Jahre dazu geführt, dass die Old-Boys-Networks wieder wichtiger geworden sind. Viele Jobs werden über persönliche Kontakte vergeben, wo man „einen von uns" möchte. Dabei spielt auch eine Rolle, dass viele Verbindungen und Zirkel für Frauen oft geschlossen sind. Das Beziehungsnetzwerk wird immer wichtiger. Ich habe das oft erlebt, dass Leute die Hälfte ihrer Arbeitszeit in Beziehungspflege investieren und nicht ihren Job machen, sondern nur überlegen, mit wem treffe ich mich wann, damit ich da im Zirkel bleibe. Das ist kontraproduktiv aus meiner Sicht für die Arbeit, die man macht. Und ich finde, das ist durch die Krise noch ärger geworden. Dass man schaut, dass man seine Leute unterbringt. Egal, ob sie kompetent sind oder nicht. Wenn jetzt die Jobs weniger werden, weil die Banken noch Leute abbauen müssen, wonach trifft man dann die Auswahl, wen es trifft? Ich glaube, viele halten sich für sozial, wenn sie denken, da hab ich einen Mann, der Alleinverdiener ist, und eine Frau, die arbeitet, die aber einen Mann hat, der auch arbeitet, dann entlasse ich lieber die Frau, weil sie eh von ihrem Mann versorgt wird. Man sagt unter dem Deckmäntelchen „sozial", die braucht den Job eh nicht so dringend wie ein Mann. Das glaube ich wahrnehmen zu können.

Emil, 43, Devisenhändler

Nach 2008 habe ich mir natürlich Handlungsalternativen überlegt. Vor allem als ich gesehen habe, wie viele meiner Ex-Kollegen entlassen wurden und nun etwas komplett anderes machen. Ich habe auch nebenbei eine Ausbildung in einer ganz anderen Branche begonnen, aber mehr aus eigenem Interesse denn aus Angst. Gegen einen Branchenwechsel spricht die gute Bezahlung meines Jobs, mit der ich sehr gut meine Familie ernähren und versorgen kann. Dafür bin ich sehr dankbar.

Die Veränderungen durch die Finanzkrise haben bei mir immer ein leichtes Unwohlsein verursacht. Man hatte nie das Gefühl, dass der Crash eine reinigende Gesundung des Systems war. Dieses leichte Unwohlsein wird mir auch erhalten bleiben. Ich habe gelernt damit zu leben. Eine in kleinem Maße ständige Jobangst wird immer da sein. Sie ist aber nicht schlimm.

Ich halte die Veränderungen, die die Finanzkrise für die Arbeitswelt der Banker gebracht hat, für negativ, weil ich glaube, dass alle Maßnahmen, die getroffen wurden, nicht ausreichen, um eine Wiederholung einer platzenden Blase zu verhindern. Das System ist meiner Meinung nach immer noch nicht gesund. Man sieht es daran, dass nach wie vor Dinge wie der Liborskandal, Fixingmanipulation u. Ä. passieren. Außerdem stehen Banken nach wie vor negativ in den Medien. Negative Ergebnisse, Missmanagement und undurchsichtige Strategien belasten weiter den Ruf von Banken. Das bringt verunsicherte Mitarbeiter, verunsicherte Kunden und eine ständige Medienpräsenz.

Die nun stattfindenden Restrukturierungen und Stellenkürzungen in der Bankbranche erwecken bei mir schon Mitgefühl mit den betroffenen Mitarbeitern. Und es ist ein unangenehmes Gefühl, weil ich das für mich nicht haben möchte. Noch fühle ich mich dadurch nicht bedroht. Ich habe das Glück, das aus der Ferne betrachten zu dürfen. Würde diese Bedrohung näherkommen, würde sich das bestimmt auf mein Leben und meine Arbeit auswirken. Für die betroffenen Mitarbeiter ist das bestimmt eine Krise.

Michael, 40, Kundenbetreuer

Der Handel erlebt seit Jahren extreme Einschnitte dank Globalisierung und Internet. Die Banken werden nicht verschont. Viele Produkte, die früher Erträge brachten (Währungen, Zahlungsverkehr, Zinsen), gibt es heute nicht mehr. Onlinebanking ist bei den Jungen schon voll präsent. Der Zahlungsverkehr und einfache Produkte wie Konto und Sparen werden nicht mehr über Personal vor Ort, sondern online abgeschlossen. Ich wundere mich, wieviel Bürokratie und Überregulierung sowie absolute Kundentransparenz und -kontrolle sich in den letzten Jahren durchgesetzt haben. Wir haben absurd lange Geschäftsbedingungen und noch längere Anträge. Vor 20 Jahren genügten eine Ausweisvorlage und eine einmalige Zustimmung auf zwei Formularen. Heute erhalten Kunden ganze Mappen. Wer liest das noch und versteht es im Detail? Wir werden vermutlich auf Kreditberatung und Veranlagung reduzieren müssen, aber Reflexion für Kunden wird auch in Zukunft für Menschen im Geldgeschäft wichtig bleiben.

Ich empfinde hinsichtlich der aktuellen Entwicklungen im Bankensektor Ärger, da die Restrukturierung ja schon seit Jahren voranschreiten sollte, aber gleichzeitig keine Kündigungen passieren sollen. Der Apparat schrumpft gegenüber dem Marktpotenzial zu langsam. Das Overbanking ist seit Jahrzehnten bekannt und präsent. Die Erträge schrumpfen und die Konkurrenz wächst. In der Schweiz gibt es nur zwei Großbanken und regionale Player, in Österreich deutlich mehr. Wenn Segmente nicht mehr bestehen, muss sich die Bank verändern und damit auch das Personal. Wenn dessen Bereitschaft dafür fehlt, sind Kündigungen okay. Wenn ich 90% der Belegschaft sichern kann, indem 10% wegfallen, ist das ein kaufmännisch logischer und notwendiger Schritt. Derzeit passieren die nötigen Schritte aber nicht. Das wirkt sich so aus, dass viele Kolleginnen und Kollegen unsicher und frustriert sind und derzeit nur zuwarten, anstatt weiterzuarbeiten. Privat merke ich, dass sich Bekannte und Verwandte um mich sorgen, ich habe derzeit aber keine Angst um meinen Job. Sollte er gestrichen werden, werde ich notwendige Schritte akzeptieren und selbst aktiv gehen. Es ist nun einmal eine Krise und es werden noch viele Banken in den nächsten Jahren empfindliche Einsparungen machen müssen. In den letzten Jahren habe ich nicht wirklich an eine berufliche Veränderung gedacht. Wenn, dann möchte ich mich aber unabhängig vom abstrakten Job auch in andere Bereiche verändern. Darüber kann ich aber noch nichts sagen. Die Gründe sind mein Wunsch nach Abwechslung und dass ich gerne mit meiner Arbeit etwas erschaffen möchte, das ich auch sehen kann, und nicht nur Zahlen und Werte daraus zu verarbeiten. Ich warte jetzt einmal die künftigen Regulatorien ab, ob die noch mit meinem Beratungsansatz konform gehen. Möglicherweise mache ich dann eine drastische Jobveränderung.

Philipp, 39, Treasury

Ich glaube, dass das Treasury Business sich noch mehr verändern wird. Und sich deswegen auch die Anforderungen an die Mitarbeiter ändern werden. Wir haben bei Weitem nicht solche regulatorischen Anforderungen gehabt vor der Krise. Die Margensituation war eine ganz andere. Die Banken haben einfach mehr verdienen können. Das hat sich alles gewandelt. Das spielt natürlich alles mit und hat klarerweise auch den Druck erhöht. Wobei ich glaube, dass der Druck für die Mitarbeiter auch vor der Krise schon da war.
Die Erfolgskomponente in der Bezahlung brachte den Duck, etwas zu verdienen. Früher konnte man sich seines Jobs und der Möglichkeiten eines Jobwechsels sicher sein. Heute bauen Banken nur Jobs ab. Es wird darauf gewartet, dass du einen Fehler machst und dass andere deinen Job bekommen. Das ist

auch ein Grund für die Verschlechterung der Kultur. Früher war es mehr ein Miteinander, obwohl es unterschiedliche Banken waren, und es hat dir eher jemand geholfen, wenn du einmal in einer schwierigen Situation warst, als das wahrscheinlich heute der Fall ist.

Wenn ich mir anschaue, wie ich heute arbeite und wie ich gearbeitet habe, dann ist das ein Riesenunterschied. Ich hab mich mit gewissen Dingen einfach nicht beschäftigen müssen, sondern nur auf die tatsächliche Treasury Arbeit fokussiert. Und jetzt muss ich nicht nur ein Treasury-Experte sein, sondern mich auch noch mit Accounting auskennen, mit Controlling herumschlagen. Die Anforderungen sind bedeutend höher geworden.

Ich glaube, dass die österreichischen Banken schon sehr weit sind mit ihren Abbauplänen und bereits viel umgesetzt haben. Aber es wird noch einmal einen Aderlass geben. Wenn man schaut, wie viele Leute eigentlich mittlerweile auf der Straße stehen, und das teilweise gute Leute sind, dann sind die Aussichten düster. Es wird ja nicht nur nach Qualifikation entschieden, sondern auch nach Headcount, und wie viel Headcounts abgebaut werden müssen, dafür wird eine Zahl festgelegt und die werden dann abgebaut. Ich hab keinen Vergleich zu einer anderen Branche, deshalb kann ich es nicht beurteilen, ob das dort auch nicht genauso ist. Aber ich glaube, dass es bei uns schon eklatant ist.

Für mich ist die Krise noch nicht vorbei. Die Krise ist nach wie vor da. Die heutigen Marktgegebenheiten sind nicht normal. Ich bin vielleicht ein Pessimist, aber ich glaube, dass es noch mal richtig krachen wird. Und ich glaub auch, dass es zu einem Umdenken kommen wird und kommen muss. Und ich glaube, dass wir einige Banken, die es jetzt noch gibt, nicht mehr sehen werden.

5.10 Trauer

Gleichzeitig mit den anstehenden Veränderungen in der Zukunft wird es immer deutlicher, dass die glorreiche Hoch-Zeit der Bankbranche vorbei ist. Vorüber die Zeiten, als der Job nicht nur als sicher, sondern auch als hoch angesehen galt und es ein Prestige war, in einer Bank zu arbeiten. Diese Erkenntnis löst häufig eine Trauerreaktion aus (vgl. Sonneck et al., 2012, S. 244f). Trauer, dass der Job nicht mehr so schön ist wie früher, dass Erfolgserlebnisse

Trauer über den endgültigen Abschied von der guten alten Zeit

fehlen, dass ein Kapitel des Lebens zu Ende geht. Der Umgang mit dieser Veränderung und die Emotion der Trauer kosten viel Kraft, die die Betroffenen manchmal nicht mehr aufbringen können.

Freud spricht in diesem Zusammenhang auch von „Trauerarbeit", da Trauer mehr ist als ein Gemütszustand, nämlich eine Tätigkeit. Im Verlauf des Trauerprozesses wird zuerst versucht, den Verstorbenen gedanklich und gefühlsmäßig festzuhalten, indem ihm mehr Aufmerksamkeit und Zuneigung geschenkt werden als zu Lebzeiten. Diese übersteigerte Trauer leitet einen heilenden Ablösungsprozess ein, an dessen Ende die Erinnerung nicht mehr schmerzt und der Verlust angenommen und in den Alltag integriert werden kann (vgl. Türcke, 2013, S. 132f).

❓ Das Phasenmodell der Trauer

Verena Kast hat das Phasenmodell der Trauer entwickelt, welches an den Verlauf einer traumatischen Krise erinnert. Ein Zusammenhang lässt sich herstellen, da ja Todesfälle einer der häufigsten Auslöser für traumatische Krisen sind.
Es gibt die Phasen des Nicht-wahrhaben-Wollens, der aufbrechenden Emotionen, des Suchens und Sich-Trennens und schlussendlich des neuen Selbst- und Weltbezugs (vgl. Kachler, 2012, S. 24). Beim Trauerprozess folgt nicht eine Phase linear auf die nächste. Viel eher sind ein Hin-und-her-Springen zwischen diesen Phasen und ein mehrmaliges Wiederholen völlig normal.

In meinen Gesprächen und Interviews habe ich immer wieder das Gefühl gehabt, dass die Banker auch um ihren Job trauern, so wie er früher war, und ich konnte teilweise auch spüren, dass sie wirklichen Schmerz und Kummer empfanden bei dem Gedanken an die sog. „gute alte Zeit". Einige von ihnen haben den Trauerprozess offenbar schon abgeschlossen, sich wieder der Gegenwart zugewendet und Zukunftspläne geschmiedet. Manche allerdings hängen gedanklich immer noch in der Vergangenheit fest und leiden unter dem Verlust.

Paul, 45, Sales
Ich habe in und nach der Finanzkrise gemerkt, dass der Bankerjob nie mehr so sein wird wie früher, und mit massiven Jobcuts gerechnet. Die angekündigten Restrukturierungen bestätigen meine Befürchtungen. Obwohl ich nun davon betroffen sein kann, erfüllt es mich mit einem gewissen

Befriedigungsgefühl, dass ich früh genug begonnen habe, nach Alternativen Ausschau zu halten, um die Abhängigkeit vom Bankberuf zu minimieren.

Ich glaube, dass der Bankberuf seit jeher überbezahlt und vom Standing überbewertet war. Das jetzige Downgrading ist eine logische Folge des vorangegangenen Hypes. Ich persönlich fühle mich angekommen auf der Erde, back to normality, am Boden der Realität. Ich bin nun bodenständiger, kommuniziere auf Augenhöhe, normaler für Leute außerhalb der Finanzwelt, und fühle mich geläutert.

Ich bin froh, in den guten, fetten Jahren dabei gewesen zu sein. Ich bin dankbar und nicht verbittert, ich lebe im Hier und Jetzt, nicht in der Vergangenheit oder der Zukunft. Ich würde alles wieder so machen.

Emil, 43, Devisenhändler

Vor 2007 habe ich mich gefühlt, als würde ich in einem Hollywood-Film mitspielen – ohne jede Selbstreflexion. Nicht im Traum hätte ich daran gedacht, dass in dieser bunten Glitzerwelt des Handels irgendwo ein Fehler im System namens „Blase, die eines Tages platzt und alles liegt in Trümmern" sein könnte. Ich habe die gebratenen Tauben, die einem direkt in den Mund flogen, genossen ohne nachzudenken. Es war unbeschwert. Und dieser Unbeschwertheit trauere ich schon nach. Jetzt sieht man die Dauerverunsicherung und die Ernüchterung bei Kollegen in der Bankenwelt. Das ist bedrückend. Ich bleibe demütig und dankbar, es noch gut zu haben. Aber das schleichende Unwohlsein bleibt.

Martin, 46, Private Banking

Wir sind mittendrin in einer Veränderung, die Finanzkrise ist noch nicht vorbei. Dazu kommen weltpolitische und wirtschaftliche Veränderungen, also vorbei ist die Krise noch lange nicht. Ich persönlich versuche das so gut als möglich für mich zu nützen, denn diese Veränderung bietet auch Chancen. Ich habe mir in den letzten Jahren einen Job gesucht, wo ich mehr Gestaltungsmöglichkeiten habe und mehr auf die Bedürfnisse meiner Kunden eingehen kann. Ich glaube, der Bedarf ist gegeben und so kann man besser auf den Markt reagieren. Dieses innovative und individuelle Vorgehen liegt mir, das macht mir Spaß. Hier schnell zu sein, rasch zu reagieren und persönlichen Service zu bieten ist mir wichtig und das führt auch zu Erfolg. Früher war es interessant für mich, mit Wertpapieren und Devisen zu handeln. Du hast zu der Zeit in jedem Markt verdient, egal was du gehandelt hast, das hat alles immer recht gut funktioniert und einfach Spaß gemacht. Da war der Fokus aber am Produkt. Jetzt steht bei mir aber der Mensch, also der Kunde als Mensch, im Vordergrund und ich setze die Produkte dahinter. Das hat sicher mit meiner Persönlichkeitsentwicklung zu tun. Früher war ich der coole Händler, der bei jeder Party dabei war. Alle, die Banken, die Händler und die Märkte, haben super verdient. Und jetzt hat sich das halt verändert. Mir macht mein Job jetzt aber trotzdem irrsinnig viel Spaß, ich fühle mich wohl. Gefeit vor einem Arbeitsplatzverlust ist heutzutage niemand, egal in welcher Branche. Da zählen volkswirtschaftliche Faktoren derzeit viel mehr als persönliche Leistung. Man muss halt mit diesen Veränderungen leben und schauen, was man daraus macht. Das Bankgeschäft lebt, es ist auch eines der ältesten Gewerbe der Welt, und jetzt ist die Frage, wie es durchgeführt wird. Nur weil es jetzt in Richtung Onlinebanking im Retailbereich geht, heißt das nicht, dass ich nicht auf der Marketing- oder Produktseite mein Know-how einsetzen kann. Für mich war meine Maßnahme, den Schritt von einer Global-Markets-Treasury-Abteilung zu einer Privatbank zu machen. Meine Kunden wollen enge persönliche Betreuung und das wird sich auch in Zukunft nicht ändern.

Zusammenfassung Phase 4 „Schluss jetzt! – Der Wendepunkt"

- Dies ist die Phase des Umbruchs, die längere Zeit andauern kann. Die damit verbundene Ungewissheit ist oftmals belastend und legt existenzielle Ängste frei.
- Der Wendepunkt wird erreicht. Zeit, Bilanz zu ziehen und dann in die Zukunft zu blicken, auch wenn sie oft noch unklar ist.
- Trauer hilft, mit der Vergangenheit abzuschließen, und benötigt ihre Zeit.
- Flexibilität und Offenheit sind Eigenschaften, die in dieser Phase besondere Ressourcen darstellen.

Was für mich wichtig ist:

_____

_____

_____

_____

_____

Literatur

Allianz (09.02.2016) *Allianz Arbeitsmarktbarometer: Berufszufriedenheit der Österreicherinnen und Österreicher* https://www.allianz.at/privatkunden/media-newsroom/news/aktuelle-news/20160209pg-arbeitsmarktbarometer.html/. Zugegriffen: 28.06.2016

Breier, S. (2015). *Im Epizentrum der Finanzkrise – Bewältigungsstrategien österreichischer BankerInnen*. Masterarbeit. Wien: Sigmund Freud Privat Universität.

Davies, A., Cruise, S. & Slater, S. (22.12.2015). *European banks poised for job cuts in 2016 profit drive*. Reuters.

Kachler, R. (2012). *Meine Trauer wird dich finden. Ein neuer Ansatz in der Trauerarbeit* (12. Aufl.). Freiburg im Breisgau: Kreuz.

Negt, O. (2013). Der politische Mensch – Demokratie als Lebensform. In I. Focke, M. Kayser & U. Scheferling (Hrsg.). *Die phantastische Macht des Geldes. Ökonomie und psychoanalytisches Handeln*. Stuttgart: Klett-Cotta, S. 109–128.

Sonneck, G., Kapusta, N., Tomandl, G. & Voracek, M. (Hg.). (2012). *Krisenintervention und Suizidverhütung*. Wien: facultas wuv.

Schobel, D. (2015). Liebe und Arbeit öffnen unserem Leben Sinn. gesundes Österreich. *Magazin für Gesundheitsförderung und Prävention*, 17 (1), S. 8–10.

orf.at (30.11.2015) *Wissende, emanzipierte Kunden gewünscht*. http://orf.at/stories/2314448/2311379/. Zugegriffen: 15.06.2016

Trend.at (18.12.2015). OeNB-Nowotny: *Ein Drittel der Jobs bei Banken könnte wegfallen*. http://www.trend.at/wirtschaft/oenb-nowotny-drittel-jobs-banken-6159411. Zugegriffen: 15.06.2016

Türcke, C. (2013). Urgeld. Zur Archäologie der Wertschätzung. In I. Focke, M. Kayser & U. Scheferling (Hrsg.). *Die phantastische Macht des Geldes. Ökonomie und psychoanalytisches Handeln*. Stuttgart: Klett-Cotta, S. 129–143.

Wirtschaftsblatt.at (12.01.2016). *Niedrigzinsen: Aufsicht warnt Banken vor „Selbstmord auf Raten"*. http://wirtschaftsblatt.at/home/nachrichten/europa/4903059/Niedrigzinsen_Aufsicht-warnt-Banken-vor-Selbstmord-auf-Raten. Zugegriffen: 15.06.2016

Wirtschaftsblatt.at (15.02.2016). *Stress and the City – Londons Banker gehen in die Knie*. http://wirtschaftsblatt.at/home/nachrichten/europa/4926298/Stress-and-the-City-Londons-Banker-gehen-in-die-Knie?from=newsletter&utm_source=Newsletter&utm_medium=E-Mail&utm_campaign=E-Mail-Tracking. Zugegriffen: 15.06.2016

Zeyringer, J. (2015). *Wie Geld wirkt. Faszination Geld – wie es uns motiviert und antreibt*. Göttingen: Business Verlag.

Phase 5 „Volle Kraft voraus!"

Jetzt beginnt das Leben wieder neu

Silvia Breier

© Springer-Verlag Berlin Heidelberg 2017
S. Breier, *Die Krisen-Strategien der Banker*,
DOI 10.1007/978-3-662-53377-2_6

Aus Worten werden Taten und in dieser Phase geht es aktiv an die Umsetzung der zuvor getroffenen Pläne für das zukünftige Leben. Sie sind nun um eine Erfahrung reicher und verspüren die Kraft und Zuversicht, die Sie aus der Überwindung der Schwierigkeiten gewonnen haben. Auf zu neuen Ufern!

Auch wenn die Folgen der Finanzkrise noch nicht überwunden sind, wurden viele wichtige Maßnahmen getroffen, die die Anfälligkeit des Finanzsystems für zukünftige Krisen (die kommen werden) verringern sollen. Aus Schaden wird man klug, heißt es.

Welche Erkenntnisse die Banker aus ihren Erfahrungen gezogen haben und wie sie neuerlichen Krisen entgegensehen und sich dafür rüsten, schildern sie in diesem Kapitel.

Rückblickend betrachtet haben Krisen oft auch positive Aspekte. Sie animieren uns u. a., mehr Selbstverantwortung zu übernehmen und so das Leben aktiv zu gestalten.

Am Ende des Kapitels finden Sie Tipps, wie Sie Ihre Ziele finden, definieren und erreichen können.

Die ersten Schritte in Richtung Zukunft

Irgendwann kommt die Zeit für einen Neubeginn. Die Überlegungen hinsichtlich dessen, wie es weitergehen soll, die man in der vorherigen Phase noch gewälzt hat, führen nun zu einer Entscheidung. Viele Menschen berichten, dass allein das Treffen einer Entscheidung schon eine große Entlastung für sie bedeutet hat. Ist ein Entschluss gefasst, muss er „nur" noch umgesetzt werden und nach der langen Phase der Auseinandersetzung mit der Krise ist nun der Punkt da, an dem genügend Kraft vorhanden ist, sich an die Umsetzung zu machen.

Lebendigkeit und Lebensfreude kehren zurück

Banker berichteten mir, dass sie diese Zeit besonders lieben, weil sie sich endlich wieder lebendig fühlen. Sie sind gut gelaunt, sehr entspannt und gelassen. Kein Wunder, denn wer eine Krise überstanden hat, kann sehr stolz auf sich sein. Es gehören Mut und Kraft dazu, nicht aufzugeben, sondern weiterzumachen, auch wenn es hart ist. Wer schon einmal eine Diät gemacht hat oder versucht hat mit dem Rauchen aufzuhören, weiß, wie schwer es ist durchzuhalten, wenn man keine Ahnung hat, wann das Leben wieder besser wird. Aber wenn man es geschafft hat, dann darf und sollte man diese Erleichterung und den Stolz auf sich selbst auch auskosten und es genießen, dass es einem in dieser Phase endlich wieder gutgeht.

Die von mir interviewten Banker haben ganz unterschiedliche Vorgehensweisen gewählt, wie sie mit der Finanzkrise und ihren Folgen umgehen. Sie sind der Meinung, dass man aus den gesammelten Erfahrungen lernen sollte, um in Zukunft Risiken besser kalkulieren und wenn möglich ausschließen zu können oder diese nur bewusst einzugehen.

Alexandra, 51, Investmentbanking

In Krisensituationen laufe ich zur Höchstform auf und handle. Auf das eigene Können zu vertrauen, die nötigen Informationen und Genehmigungen besorgen und dann agieren, das ist das Wichtigste. Die Kraft dafür ist einfach in mir und wird dann freigesetzt, wenn ich sie brauche. Wenn ich in einer Krise richtig gehandelt habe, verspüre ich nachher eine große Zufriedenheit und bin stolz auf meine Leistung.

Michael, 40, Kundenbetreuer

Es ist angenehm, wenn man rückblickend in einer Krise gut agiert hat, also beispielsweise Kunden gut beraten hat, und in schwierigen Zeiten richtige Entscheidungen getroffen hat. Ich bin darauf stolz, dass nur wenige meiner Kunden das Segment Wertpapiere damals verlassen haben bzw. seither nicht mehr in Betracht ziehen. Private Krisen schwingen länger nach, da sie subjektiv sind und Entscheidungen zulassen. Hier steuert man seine Verantwortung und die Auswirkungen selber. In einer Finanzkrise ist man Passagier und kann selbst keine großen Veränderungen herbeiführen.

Emil, 43, Devisenhändler

Eine überwundene Krise ist immer ein befreiendes Gefühl. Ein Gefühl der Leichtigkeit stellt sich ein. Wenn das große Problem gemeistert ist, dann sind sozusagen die kleinen Probleme auch schon nicht mehr da. Dann ist die ganze Welt auf einmal nur schön und die U-Bahn, die einem vor der Nase davonfährt, sogar was Gutes.

Paul, 45, Sales

In einer Krise kommt die Kraft nur von innen, ich werde in der Krise ruhig, überlegt, rational und sehr fokussiert – immer mit positiver Grundstimmung. Trotzdem wäre ein eigener Coach, Berater oder Therapeut hilfreich gewesen.

Martin, 42, Private Banking

Für mich war es hilfreich, dass ich schon vorher Krisen
erlebt habe. Man reagiert auf unterschiedliche Krisen zwar
unterschiedlich, aber die Sichtweise darauf ist wichtig. Man
reagiert in jeder Krise anders, aber der Prozess ist ähnlich. Man
analysiert und nimmt sich die Zeit dafür, entwickelt danach
neue Strategien und richtet sich neu aus. Man sammelt
einfach Erfahrung und ich glaube, wenn man ein Mensch ist,
der das macht, also nicht nur sagt und normal weiterlebt,
sondern sich wirklich mit der Krise auseinandersetzt und die
Erkenntnisse und Pläne dann auch umsetzt, dann kann man
viel lernen und dem Ganzen etwas Positives abgewinnen.
Dann sind auch die Gedanken an eine Krise anders. Die
Sensibilisierung ist sicher anders und auch die Risikoaversion
ändert sich. Ab wann reagiere ich und wie viel Risiko bin ich
überhaupt bereit zu übernehmen, bevor ich die Anzeichen
einer Krise erkenne? Man wird schneller defensiver und
vielleicht auch ein bisschen später offensiver, also träger, und
trifft nicht so volatile Entscheidungen.
Es kommt darauf an, wie man eine Krise überwunden hat und
wie man ausgestiegen ist, wie persönlich und schmerzhaft
das ganze Thema war. Im Großen und Ganzen sollte man
als positiv denkender Mensch mit einem guten Gewissen
aus einer Krise hervorgehen. Man sagt „gut, das und das ist
passiert, das ist so gewesen, gewisse Sachen sind jetzt anders,
ich habe daraus gelernt". Das kann ich durchaus positiv sehen.
Wenn man Kinder hat oder selbstständig ist, dann sind das
gute Gründe, in einer Krise nicht aufzugeben und sich zu
engagieren. Krisen an sich sind nicht unbedingt negativ,
v. a. der Outcome. Mit ein bisschen zeitlichem Abstand kann
man oft auch etwas Positives an einer Krise erkennen, z. B.
dass sich Menschen intensiver mit Dingen beschäftigen, die
sie vorher nicht gekannt haben, Lösungen finden oder neue
Maßnahmen setzen, die in der Krise nötig sind, um wieder
herauszukommen.
Ich glaube, dass Banker Krisen anders managen als andere
Menschen, wobei ich auch dort viele Leute kenne, die das
toll hinkriegen, einfach weil sie müssen. Banker sind meiner
Meinung nach mehr sensibilisiert für Krisen, sie haben eine
recht gute Wahrnehmung, wann sich wo Sachen zu Krisen
entwickeln könnten. Wir bekommen durch die Entwicklungen
der letzten Jahre schon sehr gut mit, wie man mit Krisen gut

umgeht und sie gut bewältigt, und von der Seite glaube ich, dass das hilft. Nichtsdestotrotz gehören Verständnis, offene Augen und Hausverstand dazu, sonst hilft es dem besten theoretischen Krisenmanager nichts, wenn er Signale nicht erkennt oder darauf reagiert. Man muss sich auf die Krise einlassen, sie verdauen, analysieren und dann Lösungsansätze ausprobieren. Ich glaube, dass sich die Leute oft zu schnell mit Lösungsansätzen beschäftigen anstatt mit der Analyse oder sich auch eine gewisse Zeit nicht gönnen, um das Ganze sich setzen zu lassen und Kraft zu sammeln.

Philipp, 39, Treasury

In der Finanzbranche gibt es nach wie vor die Denkweise, sich die Vergangenheit anzuschauen und daraus zu versuchen, etwas für die Zukunft abzuleiten. Die Finanzkrise hat uns gezeigt, dass das nicht funktioniert, aber ich merke nicht, dass wir davon abgekommen sind.

Ich habe die Lehre aus der Krise gezogen, dass es wichtigere Dinge auf der Welt gibt als Geld oder Karriere. Geld alleine kann nicht der Sinn sein. Habe ich mehr Geld, kann ich mir mehr leisten. Die Frage stellt sich aber, wie viel Geld ich haben muss, damit ich das Geld auch so verwenden kann, wie ich will. Wenn ich viel Geld verdiene, werde ich dafür wahrscheinlich viel Zeit in der Arbeit verbringen müssen. Ich glaube, was heute gilt, ist, die Balance zu finden. Wie viel Geld brauche ich, damit ich trotzdem noch genug Freizeit hab, um das Geld, das ich verdiene, auch so umzusetzen, dass es mir gutgeht? Manchmal denk ich mir, mein Leben ist wie bei „Und täglich grüßt das Murmeltier". Wenn ich um neun Uhr in der Firma bin und bis um 21 Uhr dort sitze, dann heimgehe, dusche und schlafen gehe. Am nächsten Morgen geht der Kreislauf wieder los. Früher hatte ich Karriereambitionen und war bereit, dafür extrem viel Einsatz zu leisten. Heute ist das nicht mehr so. Statt noch mehr Überstunden zu machen, setze ich mich lieber aufs Rad und fahre in die Natur oder gehe laufen.

Ich habe versucht, mit mir selbst ein Arrangement zu treffen, das mich zum Teil belastet, das ich aber nicht ändern kann. Wenn es jetzt so kommen sollte, dass ich meinen Job verliere, dann kommt es so. Dann werde ich das nicht verhindern,

> wenn ich mir jetzt noch mehr Sorgen mache. Ich kann einfach
> nur schauen, dass ich für mich das Beste gebe und aus den
> Erfahrungswerten, die ich mitgenommen habe, das versuche
> umzusetzen, so wie ich glaube, dass es am besten ist.
> Durch die Finanzkrise habe ich gesehen, dass es wenig
> Freunde gibt, die wirklich immer für einen da sind. Ich glaube,
> wenn du das weißt, ist das auch recht hilfreich.
> Was man auch machen muss, ist, nicht immer
> zurück-zudenken, was damals war. Wenn du immer in der
> Vergangenheit hängst, dann wirst du nicht vorwärts kommen.
> Du musst einfach dazu in der Lage sein, einmal unter gewissen
> Themen einen Haken zu machen, sie in eine Schublade zu
> legen, die Schublade zuzumachen und auch zuzulassen. Du
> hast es zwar als Erfahrungswert, aber du kannst es nicht mehr
> ändern. Ich glaube, das ist auch wichtig.

Krisen durchziehen das Leben wie Wellen – Hoch- und Tiefzeiten wechseln einander ab

Krisen gehören zum Leben und sie hinterlassen ihre Spuren. Ich bediene mich gerne des Bildes von Wellen, um sie zu beschreiben. Wellen rollen manchmal donnernd an und man kann sie schon von Weitem erkennen und dafür sorgen, dass sie einen nicht erwischen. Ein anderes Mal bauen sie sich aus dem Nichts auf und brechen mit ihrem ganzen Gewicht über uns zusammen, sie begraben uns scheinbar darunter. Da braucht man dann einen langen Atem und Vertrauen, dass man sie durchtauchen kann. Doch wir wissen auch, dass danach die nächste Welle kommen wird. Zum Glück sind zwischen zwei Wellenbergen auch die Wellentäler, in denen uns das Wasser nicht mehr bis zum Hals steht und seichter wird, wodurch wir wieder festen Boden unter die Füße bekommen und Halt finden. Diese Phasen sollte man nützen, um die Ängste der Vergangenheit zu thematisieren und aufzuarbeiten, um Lehren daraus zu ziehen und das Geschehene dann hinter sich lassen zu können. Diese Welle hat schon längst das Ufer erreicht und ist zu Schaum geworden. Sie hat also keinen Einfluss mehr auf das, was noch kommt. Doch es ist für die Zukunft wichtig, Kraft zu tanken, indem man in ruhigen Phasen auf sich achtet und sich etwas Gutes tut. In ruhigen Zeiten sollte man auch vorsorgen, indem man Ressourcen anschafft, an die man sich bei der nächsten Welle wie an einen Rettungsring klammern kann (noch besser wäre gleich ein seetüchtiges Boot). Ich meine damit finanzielle, emotionale und soziale Vorsorge, die einem ein Gefühl der Sicherheit vermittelt, weil es einfach gut ist zu wissen, dass man sie hat.

Alexandra, 51, Investmentbanking
Ich habe keine Angst vor Krisen, weil ich schon einige Krisen
miterlebt und gut bewältigt habe. Ich weiß, worauf es dann
ankommt und dass ich das kann. Ich vertraue auf meine
Coolness und meine Fähigkeiten.

Michael, 40, Kundenbetreuer
Krisen können das Bewusstsein erweitern und tolle
Perspektiven eröffnen. Ich hoffe, in zukünftigen Krisen genug
Kraft zu haben, um agieren zu können. Ich fürchte mich vor
der Ohnmacht. Wenn, egal was ich sage oder wie ich handle,
kein Argument hilft oder zu aktivem Nachdenken beim
Gegenüber führt, fühle ich mich ohnmächtig. Persönliche
Krisen benötigen viel Kraft, Gelassenheit und Blickpunkte.
Je weitreichender die Konsequenzen, umso wichtiger die
wohlüberlegten Entscheidungen. Die Finanzkrisen haben
mich geprägt und viel Erfahrung gebracht, für die mich meine
Kunden heute respektieren und worauf sie viel Wert legen.
Das sind die Grundpfeiler, auf die ich setze.
Eine Krise ist manchmal eine Niederlage und Niederlagen
hängen vom Verlust ab. Habe ich eine Diskussion verloren
oder verliere ich vor Gericht einen Prozess? Habe ich eine
falsche Entscheidung getroffen oder konnte ich mit der
Entscheidung einen Teil des Unheils abwenden? Es ist schwer
zu definieren. Auf jeden Fall prägt jede Entscheidung und
jedes Erlebnis und manchmal erleidet man wieder die gleiche
Niederlage, weil man die gleichen Fehler macht und gehofft
hat, diesmal zu gewinnen. Es gilt aber auch der Spruch, „Was
einen nicht umbringt, macht einen härter". Ich kann davon
profitieren, aber ich werde auch in Zukunft immer wieder
verlieren. Das gehört dazu.
Kann man sich auf Krisen vorbereiten? Auf gesundheitliche
Krisen nur bedingt, wenn Anzeichen dafür da sind
wie beispielsweise ein vorangegangener Herzinfarkt,
Bluthochdruck etc. Mein persönliches Horrorszenario ist
eine schwere, nicht heilbare Krankheit oder der Verlust von
Sinnen wie Augenlicht oder Verlust von Händen oder Beinen.
Es fehlt auch bald das Bewusstsein in der Bevölkerung für
die schrecklichen Auswirkungen eines Krieges, da die letzten
Zeitzeugen in Österreich bald ausgestorben sind. Ich habe

Angst vor Bürgerkrieg und weiterhin handlungsunfähigen Regierungen in Europa, die keine wirkliche Stabilisierung in den letzten Jahren für die Bevölkerung erbringen konnten oder wollten. Die Bedrohung persönlicher und sozialer Sicherheit sind Dinge, die für mich Krisenpotenzial haben. Krisen sind notwendig für einen persönlichen Reife- und Lernprozess und um das Bewusstsein für das Gute und Angenehme im Leben zu schärfen.

Wenn es zu einer Krise kommt, ist mein Rezept: den ersten Schock einmal einwirken lassen. Dann in Ruhe überlegen. Was ist passiert, warum ist es passiert und welche Möglichkeiten zur Bekämpfung oder Beendigung kann ich akzeptieren und was kann ich tatsächlich aktiv beeinflussen und mitentscheiden? Eine Lehman-Pleite kann ich nicht beeinflussen, das Zinsniveau in Europa auch nicht.

Aber mein Kaufverhalten oder meine Jobausrichtung aktuell. Es macht natürlich einen Unterschied, ob es sich um eine berufliche oder private Krise handelt. Ein stabiles Privatleben hilft bei einer Jobkrise, ein guter Job bedeutet aber nicht, dass ich ein stabiles Privatleben habe. Jobs sind austauschbar, Gesundheit und liebe Freunde im privaten Umfeld nicht so leicht.

Emil, 43, Devisenhändler

Krisen im Allgemeinen gegenüberstehen ist schwer. Es hängt von der Krise ab. Es hängt davon ab, wer davon alles betroffen ist. Es hängt davon ab, wie komplex die Krise ist. Eine Ehekrise eines Paares ist etwas anderes als die Flüchtlingskrise z. B. Die Flüchtlingskrise betrifft uns alle, die Flüchtlinge, aber auch die Menschen, die sie aufnehmen. Die Flüchtlingskrise samt Integration verändert die Gesellschaft in Europa nachhaltig und für immer. Eine Ehekrise betrifft die zwei Partner und evtl. den Therapeuten, sofern er involviert wird. Für mich ist ausschlaggebend, in welchem Ausmaß mich die Krise persönlich betrifft. Ist meine Ehe davon betroffen, dann ist es meine 100%ige Verantwortung, sie zu lösen. Die Flüchtlingskrise kann ich nicht lösen. Ich kann spenden und meinen Beitrag leisten. Aber das Große und Ganze kann ich nicht lösen. Da bleibt mir einfach nur wieder mein Vertrauen, dass alles gut werden wird und mir nichts passiert. Mein persönliches Horrorszenario ist eine unheilbare Krankheit in meiner Familie. Wenn ich meine Familie nicht mehr ernähren kann, wäre das auch schlimm. Vielleicht kann man es so am besten zusammenfassen: Je mehr mich die Krise betrifft, desto mehr Verantwortung habe ich für mich selbst.

Mittlerweile sind Krisen normal. Finanzkrise, Euro-Krise, Syrienkrise, Ukrainekrise, Flüchtlingskrise, Griechenlandkrise, Bankenkrise, Abgaskrise bei VW, Regierungskrise, Koalitionskrise etc. Ich bereite mich auf Krisen vor, indem ich mir meiner selbst immer bewusster werde. Ich habe im Prinzip keine Angst vor Krisen. Vielleicht habe ich Angst vor einem Atomkrieg oder der immer mehr werdenden Terrorwellen. Aber das liegt nicht in meiner Hand, also kann ich das ganz gut ausblenden. Aber vor den Krisen des Alltags habe ich keine Angst. Ehekrise, Krise mit dem Chef o. Ä..

Ich glaube schon, dass es einen Unterschied macht, ob es um eine private oder berufliche Krise geht. Ich bin überzeugt, dass berufliche Krisen immer irgendwie lösbar sind. Schlimmstenfalls durch einen Wechsel in eine andere Branche. Wenn man mit einer privaten Krise konfrontiert wird, ist das eine ganz andere Dimension. Zum Beispiel der Partner oder das Kind hat eine schwere oder unheilbare Krankheit. Da erscheint auf einmal jede Krise im Job als komplett klein. Da merkt man dann, was wirklich wichtig ist im Leben. Ein Job kann mir niemals diese Kraft und dieses Glück geben wie eine funktionierende Familie. Wenn der Job weg ist und man hat eine gute Beziehung, dann ist man in der Krise nicht allein. Wenn die Beziehung kaputt ist, ist man im Job, auch wenn er gut ist, allein mit dem Problem.

Ich weiß, dass jede Krise mir wunderbar spiegelt, wo ich stehe und wo meine Ängste sind. Bisher habe ich mich selbst in jeder Krise besser kennengelernt. Also finde ich auch etwas Positives an Krisen, wenn man so will. Diese Erfahrungen möchte ich nicht missen, denn sie haben mich dorthin gebracht, wo ich heute stehe. Allerdings hatte ich auch das Glück, jede Krise gut überstanden zu haben. Dafür bin ich sehr dankbar. Mein Rezept bei Krisen ist die Bewusstmachung meiner Selbstverantwortung. Niemals den Kopf in den Sand stecken! Verbindung zum Urvertrauen aufnehmen! Ängste zulassen und auch aussprechen und wenn nötig auch mit einem Profi an diesen Ängsten arbeiten!

Paul, 45, Sales

Ich mag Krisen nicht und versuche diese zu verhindern. Aber gleichzeitig weiß ich, dass sie auch eine Chance bedeuten. Nach einer Krise wird es sicher nicht mehr so sein wie vorher. Krisen bringen Veränderung und diese ist von Zeit zu Zeit nötig. Es hat keinen Sinn, sich vor Krisen zu fürchten. Erstens kommt es anders und zweitens als du denkst. Die Angst ist schlimmer als die Realität.

Ich weiß, dass ich stark bin in Krisen und dass Krisen bewältigbar sind, auch wenn es oft nicht danach ausschaut. Ich habe ein starkes Selbstvertrauen und sehe in Krisen eine Chance. Das Wichtigste ist, selbstreflektierend zu sein und nach einer Krise diese zu analysieren und daraus zu lernen. Vor allem die Erkenntnis, dass es letztendlich nicht so schlimm gekommen ist, wie es aussah.

Martin, 42, Private Banking

Egal ob jetzt im beruflichen oder im privaten Umfeld, wenn ich ein Anzeichen einer Krise erkenne, werfe ich das Thema auf. Ich glaube, da kann man vieles im Vorfeld verhindern. Also durch eine größere Sensibilisierung kann man viele Krisen im Vorhinein abwenden. Eine defensivere Haltung schützt ebenfalls, aber ganz lassen sich Krisen nicht verhindern. In der Theorie macht es keinen großen Unterschied, ob es sich um eine berufliche oder private Krise handelt. In der Praxis ist das aber anders. Krisen sind definitiv eine Herausforderung, wobei ich Herausforderung positiv konnotiere. Sie sind auf jeden Fall eine Weiterentwicklung, in jedem Sinn.

6.1   Positive Aspekte

Durch den schlussendlich erfolgreichen Umgang mit einer Krise erweitern wir unsere Kompetenzen, auf die wir in Zukunft zurückgreifen können. Wir können nicht wissen, wann und wo wir sie wieder brauchen werden, aber sie zu besitzen ist eine wichtige Ressource. In dieser letzten Krisenphase geht es darum, die Ressourcen sinnvoll und zielgerichtet einzusetzen und vom Überlegen ins Tun zu kommen. Die Kraft kommt dabei aus einem selbst und oft geht man aus einer Krise gestärkt hervor nach dem Motto „Was mich nicht umbringt, macht mich stärker", wie es ein Interviewpartner so treffend auf den Punkt gebracht hat.

Mit ein bisschen innerer Distanz erkennt man oftmals, dass die Krise eigentlich gar nicht so schlimm war wie befürchtet, ja sogar einen positiven Aspekt hatte. Der Begriff „Krise" bedeutet, wie schon gesagt, auch Chance, v. a. die Chance zu persönlichem Wachstum. Eine Krise zeigt oft auf, wenn etwas im Leben nicht mehr passt, und bietet die Gelegenheit, die eigenen Prinzipien und Lebensphilosophien zu hinterfragen, zu überdenken und nötigenfalls zu korrigieren. Nicht selten führen Krisen zu einer Nachjustierung des Lebensplans, die ohne äußere Einwirkung womöglich nicht erfolgt wäre. Manchmal muss man dafür etwas beenden und neu anfangen, was mit Ängsten verbunden sein kann, die aus der Ungewissheit kommen. Doch Neues bietet auch Chancen und notfalls kann man fast immer wieder korrigieren.

> Krisen bieten die Chance zu persönlicher Weiterentwicklung

6.2 Selbstverantwortung

Ob Sie mit Ihrem Schicksal hadern oder nach einer Krise nach vorne blicken und sich vornehmen, die restliche Zeit möglichst angenehm und glücklich zu verbringen, liegt an Ihnen. Sie sollten auf jeden Fall auf sich schauen und darauf achten, dass es Ihnen gutgeht. In Krisenzeiten, aber nicht nur dann, sahen es die interviewten Banker als besonders wichtig an, sich auf sich selbst zu besinnen, sich selbst wichtig zu nehmen und wertschätzend und wohlwollend mit sich selbst umzugehen, so wie man es mit einem Kind oder Freund machen würde, wenn dieser Probleme hat. Dinge, die gut sind, soll man ihrer Meinung nach ausbauen und gezielt die kleinen Glücksmomente im Alltag wahrnehmen.

> Sie selbst sind dafür verantwortlich, dass es Ihnen gut geht; passen Sie gut auf sich auf

Durch diesen offeneren Blick ist man auch geistig flexibler und kommt mit Veränderungen besser zurecht. Eines sollten Sie auf alle Fälle immer beibehalten: zu sich selbst zu stehen und sich treu zu bleiben, denn das sorgt für ein gesundes Selbstbewusstsein und steigert den Selbstwert, der ja als eine der wichtigsten Widerstandskräfte in Krisenzeiten gilt.

🛈 Disney-Methode

Wenn noch nicht ganz klar ist, wo die Reise in Zukunft hingehen soll, gibt es mehrere Methoden, die helfen können, Ziele zu finden, zu definieren und zu erreichen. Eine davon ist die Disney-Methode, benannt nach Walt Disney, der sie angeblich erfunden und selbst angewandt haben soll.

Durchführung

Sie brauchen drei Stühle, auf die Sie jeweils einen Zettel kleben mit der Aufschrift „Phantast", „Kritiker" und „Rationalisierer". Nun setzen Sie sich abwechselnd auf die Stühle und fühlen sich dabei in die verschiedenen Rollen ein.

Beginnen Sie beim Phantasten. Wie ist ein Phantast? Das ist jemand, der Luftschlösser baut, für den alles möglich erscheint, der abgehoben ist und die witzigsten, abstrusesten und stets (für Sie) positive Ideen hat. Er kann kaum still sitzen und tänzelt durchs Leben. Machen Sie es wie der Phantast, wenn Sie auf seinem Stuhl sitzen, lassen Sie alle Ideen für Ihre Zukunft einfach kommen, ohne sie kritisch zu hinterfragen, und schreiben Sie sie auf. Lassen Sie sich dafür genug Zeit und wenn dann keine Ideen mehr kommen, wechseln Sie auf den Stuhl des Kritikers. Fühlen Sie sich wieder ein in den griesgrämigen, besserwisserischen Pessimisten, der für alle Ideen des Phantasten zehn gute Gründe aufzählen kann, warum sie nicht funktionieren können. Danach wechseln Sie auf den Stuhl des weisen Realisten, der ganz sachlich die Argumente seiner Vorgänger abwiegt und überlegt, wie die Ideen des Phantasten unter Berücksichtigung der Einwände des Kritikers doch umgesetzt werden könnten.

Diese Methode regt die Fantasie an und bringt Sie auf neue Ideen, wodurch sich neue Optionen ergeben können. Sie funktioniert umso besser, je mehr Sie auf Ihr Herz und auf ihr Bauchgefühl hören und spüren, an welcher Idee des Phantasten Ihr Herz hängt. Es ist lohnenswert, sich näher mit ihr zu beschäftigen.

Zielformulierung

Wenn Sie dann solch ein erstrebenswertes Ziel herausgefunden haben, definieren Sie es genau. Formulieren Sie einen Zielsatz, der das Ziel möglichst exakt und realistisch beschreibt, sodass für jeden ganz klar ist, was Sie meinen. Die Realisierung sollte nicht nur machbar, sondern auch von Ihnen und nicht von anderen Personen abhängig sein. Legen Sie auch fest, wann Sie das Ziel erreicht haben möchten, und formulieren Sie den Satz so, als ob Sie das Ziel bereits erreicht hätten (vgl. Breier, 2014, S. 17ff).

Zielerreichung

Zur Planung der notwendigen Schritte zur Zielerreichung können Sie mit einer Timeline arbeiten. Teilen Sie dazu die Zeit, bis Sie Ihr Ziel erreicht haben (laut Ihres Zielsatzes) in sieben gleich große Etappen und schreiben Sie das jeweilige

Datum auf einen Zettel. Auf einen weiteren Zettel schreiben
Sie das Datum der Zielerreichung und legen ihn auf den
Boden ans andere Ende des Zimmers. Die Zettel mit den
Etappen legen Sie nun in gleichbleibenden Abständen
zwischen das Ziel und Ihren Ausgangspunkt, das Heute. Nun
bewegen Sie sich langsam entlang dieser Linie auf Ihr Ziel zu
und halten bei jeder Etappe kurz an. Fühlen Sie nach, wie es
Ihnen zu diesem Zeitpunkt ergeht, wie es ist, dem Ziel immer
näher zu kommen und was sich auf dieser Etappe ereignet.
Wenn Sie dann am Ziel angekommen sind, schließen Sie die
Augen und genießen Sie, dass Sie Ihr Ziel erreicht haben. Wie
geht es Ihnen jetzt? Was sehen Sie, was riechen, schmecken,
hören, fühlen Sie? Je mehr Sinne Sie mit einbeziehen, desto
besser verankern Sie diesen Zustand und desto leichter fällt
es Ihnen, die Motivation zur Zielerreichung zu erhalten. Ist
es so, wie Sie es sich vorgestellt haben? Was ist jetzt anders?
Wie war der Weg bis hierher? Was hat sich bei Ihnen und Ihren
Mitmenschen verändert? Gibt es auch Nachteile? Müssen Sie
noch etwas bedenken?
Manchmal erkennt man, dass das Ziel nochmals
nachgeschärft oder neu überdacht gehört. Es kann sich sogar
herausstellen, dass es das falsche Ziel war.
Gehen Sie nun nochmals ins Heute zurück und schreiten Sie
die Etappen neuerlich ab. Überlegen Sie, welche Ressourcen
Sie für den nächsten Schritt benötigen, wo Stolpersteine sind
und wie sie diese bereits vorab umgehen können.

Ich habe Ihnen nun ein paar Methoden des Selbstcoachings vorgestellt, die Ihnen helfen können, in dieser Phase eine Entscheidung darüber zu treffen, wo Sie hinmöchten und welche Schritte Sie dafür gehen müssen. Falls Sie sich damit schwertun, geht es vielleicht leichter, wenn ein Coach oder Berater Sie anleitet. Manchmal ist es aber auch besser, nichts zu verändern, weil der Preis der Veränderung zu hoch wäre.

Zusammenfassung Phase 5 „Volle Kraft voraus! – Jetzt beginnt das Leben wieder neu"
- Nun geht es darum, die Gedanken in die Tat umzusetzen und zu handeln.
- Neue Ressourcen wurden dazugewonnen und stehen für die Zukunft zur Verfügung.
- Gutes auszubauen und kleine Glücksmomente im Alltag zu suchen hilft, die Krise nicht als allgegenwärtig zu erleben und an ihr Ende zu glauben.

- Kraft und Selbstvertrauen werden aus der erfolgreichen Überwindung der Krise geschöpft.
- Krisen bieten Chancen zur Nachjustierung des Lebensentwurfes.

Was für mich wichtig ist:

_____

_____

_____

_____

_____

Literatur

Breier, S. (2014). *Mental Diving. Leichter Tauchen lernen durch mentales Training.* Selbstverlag: Wien.

Reflexion

Die Lehren aus der Krise

Silvia Breier

Literatur – 144

© Springer-Verlag Berlin Heidelberg 2017
S. Breier, *Die Krisen-Strategien der Banker*,
DOI 10.1007/978-3-662-53377-2_7

Im letzten Kapitel lassen wir das zuvor Beschriebene nochmals Revue passieren. Die Fakten, die Hintergrundinformationen aus Finanzwirtschaft und Psychologie, die Erfahrungsberichte der Banker, die eigenen Erfahrungen, Gedanken und Emotionen, die beim Lesen hochgekommen sind. Was also bleibt von diesem Buch, das für Ihr weiteres Leben von Wert sein kann? Die Antwort darauf können nur Sie treffen. Ich fasse hier nochmals kurz zusammen, was aus meiner Sicht erinnerungswürdig ist.

Was können Sie aus dieser Krise lernen?

Wir haben jetzt gemeinsam eine Zeitreise durch die Finanzkrise als Beispiel für einen typischen Krisenablauf gemacht. Ich wage aber nicht zu behaupten, dass die Finanzkrise bereits überwunden ist. Zu oft haben Experten schon ihr Ende verkündet, nur um dann einen neuerlichen Rückschlag erleben zu müssen. Nach meinem rein subjektiven Empfinden sind wir noch in der Krise, aber ich hoffe für uns alle, dass wir den Wendepunkt schon hinter uns haben. Wir haben bereits viel gelernt, die Frage ist nun, was wir mit den Erkenntnissen aus der Analyse machen, welche Lehren wir ziehen und ob die Schritte, die wir nun gehen, hilfreich sind, um diese Krise endlich hinter uns zu lassen und eine neue Krise bestmöglich zu verhindern. Wobei es eine Illusion ist zu glauben, dass es nie wieder eine Finanzkrise geben wird. Wenn man die Geschichte betrachtet, so gab es sie immer und wird es sie auch in Zukunft geben. Krisen gehören zum Leben.

Geben Sie der Krise eine Chance

Wovon man sich verabschieden sollte, ist die negative Denkweise über Krisen. Man muss sie nicht gleich lieben, aber Krisen bieten definitiv auch Chancen. Sie zwingen uns zur Auseinandersetzung mit unserem Leben, zu einem Soll-Ist-Vergleich, und sie ermöglichen uns, Schritte zu einer Angleichung dieser beiden Zustände zu setzen.

Mit Optimismus und Vertrauen machen Sie die Krisen zur Herausforderungen

Die Ängste, die durch Krisen ausgelöst werden, haben viel mit ungewissen Zukunftserwartungen zu tun und mit unserer persönlichen Lebenseinstellung. Je optimistischer und vertrauensvoller wir dem Leben entgegenblicken, desto eher nehmen wir Ereignisse als Herausforderungen anstatt als Krisen wahr. Die in einer Krise gemachten Erfahrungen können zu wichtigen Assets (Ressourcen) für uns werden und so ist es möglich, dass wir gestärkt aus Krisen hervorgehen.

Es gibt kein Patentrezept für den erfolgreichen Umgang mit Krisen

Dieses Buch hat sich gegen Ende hin immer mehr von einem Sachbuch zu einem Ratgeber entwickelt. Ich weiß, dass viele Menschen sich auf einer kognitiven Ebene mit Themen auseinandersetzen, weil sie sich davon Lösungen für ihr Leben erwarten. Wir

Menschen streben ja gerne nach Lösungen. Was nützen also das Wissen um den Ablauf einer Krise und die Schilderungen von anderen, wie sie damit umgegangen sind? Falls Sie sich ein Patentrezept für den Umgang mit Krisen erhofft haben, muss ich Sie enttäuschen, so etwas gibt es leider nicht. Es kommt immer auf die individuelle Situation an, in der man sich vor der Krise befindet, die persönliche Lebenseinstellung (Kohärenzgefühl), die Krise an sich und die Ressourcen, die einem zu diesem Zeitpunkt zur Verfügung stehen.

Ich habe versucht, Ihnen mit den Tipps zum Selbstcoaching ein paar Instrumente in die Hand zu geben, die Ihnen im Anlassfall weiterhelfen können. Wenn Ihnen das nicht ausreicht und eine Krise Sie überfordert, möchte ich Sie nochmals ermutigen, sich professionelle Hilfe bei einem Berater oder Therapeuten zu suchen. Sie sind dann nicht schwach oder psychisch krank, sondern befinden sich in einer sehr menschlichen Lage. Sich in dieser Situation darum zu kümmern, dass es einem wieder bessergeht, zeugt von hoher Selbstverantwortung und Krisenkompetenz, auch wenn es sich vielleicht zu diesem Zeitpunkt nicht so anfühlt.

> Seien Sie liebevoll zu sich selbst und holen Sie sich Unterstützung, wenn Sie sie brauchen

Leben bedeutet Veränderung, was sich nicht mehr verändert, lebt nicht mehr. Eine Krise ist eine besonders drastische Form der Veränderung, aber sie ermöglicht eine Zukunft, deren Gestaltung in unseren Händen liegt. Sie macht Platz für Neues, Besseres. Viktor Frankl war der Meinung, dass die soziale Umwelt das Leben eines Menschen nur scheinbar gestaltet, dieser aber immer die innere Freiheit besitzt zu entscheiden, wie er sich dazu stellt (vgl. Frankl, 2009, S. 101ff).

> Die Gestaltung der Zukunft liegt in Ihren Händen; seien Sie mutig

Es liegt an uns, was wir aus einer Krise machen!

Zusammenfassung „Reflexion"

- Das Leben ist ein Wechselspiel von Krisen und Erholungsphasen.
- Krisen bieten die Chance zur Reflexion und Verbesserung der Lebenssituation.
- Die persönliche Einstellung und Denkweise trägt maßgeblich zur Krisenbewältigung bei.
- Optimismus und Selbstvertrauen erhöhen die mentale Widerstandskraft.
- Die Erfahrung, eine Krise überwunden zu haben, gibt Kraft und ist eine wichtige Ressource bei zukünftigen Krisen.
- Es gibt kein Patentrezept für erfolgreiche Krisenbewältigung.
- Selbstcoaching und die Unterstützung durch einen professionellen Berater können hilfreich sein.

Was für mich wichtig ist:

_____

_____

_____

_____

_____

Literatur

Frankl, V.E. (2009). … *trotzdem Ja zum Leben sagen. Ein Psychologe erlebt das Konzentrationslager* (Neuausgabe 6. Aufl). München: Kösel

Serviceteil

© Springer-Verlag Berlin Heidelberg 2017
S. Breier, *Die Krisen-Strategien der Banker*,
DOI 10.1007/978-3-662-53377-2

Stichwortverzeichnis

Printed in the United States
By Bookmasters